W9-BDN-460

Ed. :

LA CALLIGRAPHIE

B

Texte de Caroline Young

Conception de Jane Felstead

Consultante: Susan Hufton
(Fellow of the Royal Society of Scribes)

Texte français de Lucie Duchesne
avec la collaboration de Suzanne Des Marais

Sommaire

Illustrations de Chris Lyon et de Paul Sullivan

**Calligraphie de Susan Hufton et de David Young
avec le collaboration de Solos Solou**

**Le symbole ↝ signifie que tu trouveras probablement l'article en question dans
un magasin spécialisé en matériel d'artiste.**

qu'est-ce que la calligraphie?

La calligraphie est l'art de la belle écriture. Les techniques de base du calligraphe n'ont pas changé depuis des siècles. Dans ces pages, tu verras comment la calligraphie a évolué depuis les formes d'écriture les plus anciennes. Tu découvriras plus loin dans ce livre comment réaliser certains des styles de calligraphie présentés ici.

3 500 ans avant J.-C.
Des dessins simples appelés pictogrammes représentaient les objets et les idées en Mésopotamie, au Moyen-Orient.

38 000 ans avant J.-C.
Avant l'invention de l'écriture, les gens peignaient des images sur les murs des cavernes. On peut encore en voir en France et en Espagne.

3 000 avant J.-C.
Pour représenter leurs idées, les Égyptiens de l'Antiquité utilisaient les hiéroglyphes, système de symboles et de dessins.

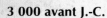
1er siècle après J.-C.
Les Romains de l'Antiquité ont adapté l'alphabet grec pour créer leurs propres 23 lettres majuscules (voir page 8). Ils gravaient ces lettres dans la pierre et le marbre.

Les Romains utilisaient une pointe large, tenue à angle fixe, pour écrire dans les livres. Ces majuscules de forme plus simple s'appellent rustica: ce sont les premières lettres calligraphiées.

→ **Capitales rustica**

Du Ier au Xe siècle après J.
Dans certains pays, on a ajouté les lettres J, U et W aux 23 capitales de l'alphabet romain, ce qui a donné un alphabet de 26 lettres.

J U W

Onciales

→ **Lettrine**

← **Minuscules carolingiennes**

Vers le VIe siècle, les moines utilisaient les onciales pour rédiger des livres religieux magnifiquement ornés. À la page 12, on montre comment apprendre à faire des onciales.

Au IXe siècle, la plupart des gens utilisaient les minuscules et les majuscules. Le style le plus courant s'appelait minuscules carolingiennes (voir page 40).

Avec les minuscules, on utilisait souvent des majuscules faites de plusieurs traits. On les appelle lettrines (voir page 20).

2 500 ans avant J.-C.
La première vraie écriture, appelée cunéiforme, a été inventée en Mésopotamie. Pour représenter les sons, on traçait des marques dans de l'argile avec un outil taillé en biseau. Ces marques composaient les mots.

1 500 ans avant J.-C.
À cette époque, les Chinois ont commencé à utiliser une écriture complexe comptant plus de 1 500 caractères. Chaque caractère, ou idéogramme, représentait une idée. La page 27 indique comment les réaliser.

1 000 ans avant J.-C.
Les Phéniciens, commerçants des mers, utilisaient un alphabet de 22 lettres qu'ils ont transmis à plusieurs pays méditerranéens.

500 ans avant J.-C.
Les Grecs de l'Antiquité ont adapté une partie de l'alphabet phénicien et ont ajouté quelques voyelles (A, E, I et O).

Du XIIIᵉ au XVᵉ siècle après J.-C.
Pour économiser l'espace, on a commencé à tracer des lettres plus étroites et plus rapprochées. Ce style est graduellement devenu le style gothique, présenté à la page 16.

Tunc dcit ci eps iurgam pat torale̅ dicens.

Vers la fin du XVᵉ siècle, on a voulu obtenir un style plus simple que le gothique. Les savants italiens ont créé l'italique, qui peut se présenter comme une calligraphie superbe ou simplement comme une écriture manuscrite élégante (voir pages 18 et 19).

Écriture italique

Signor, che parti et tempri gli elementi,

Wilhelmse

Du XVᵉ au XIXᵉ siècle après J.-C.
En 1450, la première presse à imprimer a été fabriquée en Allemagne. Les caractères étaient basés sur le style calligraphique gothique.

und vorcht scheidẽ võ euch nirht ivo ir wandett·wi

Style gothique

Quand on a commencé à imprimer les livres plutôt que de les écrire à la main, la calligraphie a perdu de l'importance. L'écriture élégante ne servait plus que dans la vie de tous les jours.

Aujourd'hui
Vers 1900, le savant Edward Johnston a ressuscité l'art de la calligraphie. Il a enseigné les styles traditionnels et en a inventé un à partir d'un manuscrit du Xᵉ siècle. On l'appelle Foundational.

Lettres du Xᵉ siècle

angeli

anges

Lettres Foundational

La calligraphie n'est pas un art facile. Ne t'inquiète pas si tu ne réussis pas du premier coup. En lisant ce livre, essaie de réaliser le plus de styles possible.

POUR COMMENCER

Voici les outils de base en calligraphie. Tu peux essayer les principales techniques en utilisant les objets simples présentés à la page 5. Tu trouveras à la page 6 des informations sur les plumes et les pointes nécessaires en calligraphie.

Les outils de base

☞Tu peux te procurer ces instruments chez un marchand de matériel d'artiste.

Une règle

Un couteau de dessinateur*

Du papier-calque

Un crayon à mine tendre (B ou HB) est facile à effacer.

Du ruban-cache adhésif

Une équerre de 60°/30°

Un crayon à mine dure (H ou 2H) pour dessiner des lignes-guides nettes.

Du papier à dessin

Une gomme

Les préparatifs

La plupart des calligraphes préfèrent écrire sur une surface inclinée, comme une table à dessin. Si tu écris sur une surface plane, l'encre risque de gicler de ta plume.

Fixe une feuille de papier derrière un plateau. Appuie un côté sur les genoux et l'autre sur le bord de la table.

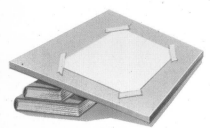

Place une pile de livres lourds sur une table et appuie une planche dessus, afin d'avoir une surface de travail plus stable.

Tu peux fabriquer une planche à dessin avec une planche de bois ou un morceau de contre-plaqué. Ta planche à dessin doit mesurer au moins 60 cm de longueur sur 42 cm de largeur et 1 cm d'épaisseur.

Petits trucs

Voici quelques trucs qui t'aideront à réaliser une meilleure calligraphie.

• Installe-toi près d'une fenêtre, si possible. Si tu dois utiliser une lampe, elle doit éclairer par-dessus l'épaule opposée à la main avec laquelle tu écris.

• Fixe plusieurs feuilles de papier en dessous de celle sur laquelle tu vas écrire, pour capitonner.

• Fixe une feuille de papier par-dessus ta feuille de travail pour qu'elle reste bien propre. Remonte la feuille quand tu commences une nouvelle ligne.

• Assieds-toi, le dos bien droit, les deux pieds à plat sur le plancher (voir ci-contre). Laisse ton bras, du poignet au coude, à plat sur la planche à dessin.

Voici une table à dessin avec une règle parallèle mobile. La plupart des calligraphes professionnels utilisent ces planches, mais elles coûtent cher. Tu peux commencer par une planche faite à la maison.

Papier pour capitonner

Feuille de travail

Feuille de protection

L'angle correct

Les calligraphes utilisent une plume à bec large qu'ils tiennent à un angle constant. Dans ce livre, des dessins comme celui de droite montrent à quel angle tenir la pointe pour chaque style calligraphique. l'une des «plumes» à pointe large présentées ici.

Tiens la pointe à l'angle indiqué ici.

30°

Elle aura cet aspect.

Pleins et déliés

Quand tu écris comme ceci avec une pointe large, la plume fait des traits épais, les pleins, et des traits fins, les déliés. Essaie en utilisant

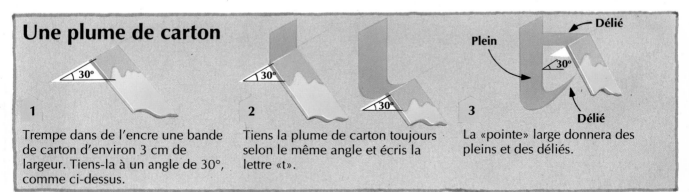

Une plume de carte

Délié

Plein

30°

Délié

1

Trempe dans de l'encre une bande de carton d'environ 3 cm de largeur. Tiens-la à un angle de 30°, comme ci-dessus.

2

Tiens la plume de carton toujours selon le même angle et écris la lettre «t».

3

La «pointe» large donnera des pleins et des déliés.

Conseil

Les «plumes» présentées ici sont faites avec les matériaux suivants. Pour apprendre à tracer des pointes avec une pointe large, tu peux aussi te procurer un stylo-feutre de calligraphie dans une papeterie.

Crayon de cire

Bandes de carton

Encre (l'encre soluble à l'eau est idéale; elle ne bouchera pas la plume.)

Retailles de feutre

Les plumes feutres

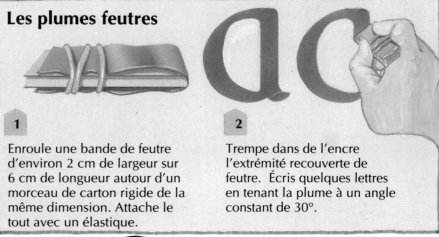

1

Enroule une bande de feutre d'environ 2 cm de largeur sur 6 cm de longueur autour d'un morceau de carton rigide de la même dimension. Attache le tout avec un élastique.

2

Trempe dans de l'encre l'extrémité recouverte de feutre. Écris quelques lettres en tenant la plume à un angle constant de 30°.

Les craies de cire

1

Frotte un bout de craie de cire jusqu'à ce qu'un côté soit aplati en biseau. Ce sera la «pointe» large de la plume.

2

Tiens la craie entre le pouce et l'index à un angle de 30° et écris un mot.

Les plumes et les pointes

La plupart du temps, on calligraphie avec une plume à encre. La plume est le plus important des instruments que tu achèteras.

Pour t'aider à choisir, voici divers genres de plumes que tu trouveras sur le marché.

Le choix de la plume

Il existe deux genres de plumes de calligraphie: les porte-plume et les stylos à plume.

Les porte-plume

Ils comprennent trois parties: une pointe, un manche et une réserve qui contient l'encre. Chaque partie est peu coûteuse et facile à assembler ou à remplacer. On peut les commander dans une papeterie.

Les pointes existent en plusieurs largeurs différentes. Les plus larges, appelées 0 ou 1 sont idéales pour les débutants. Si tu es gaucher, tu devras te procurer une pointe oblique pour gaucher.

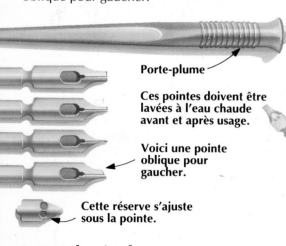

Porte-plume

Ces pointes doivent être lavées à l'eau chaude avant et après usage.

Voici une pointe oblique pour gaucher.

Cette réserve s'ajuste sous la pointe.

Les stylos à plume

Les stylos à plume contiennent un réservoir d'encre à l'intérieur. Il peut s'agir d'un réservoir à remplir à même une bouteille d'encre ou de cartouches jetables.

On trouve dans les papeteries des stylos à plume avec des becs larges pour la calligraphie. Cependant, les pointes coûtent cher à remplacer et les largeurs sont limitées.

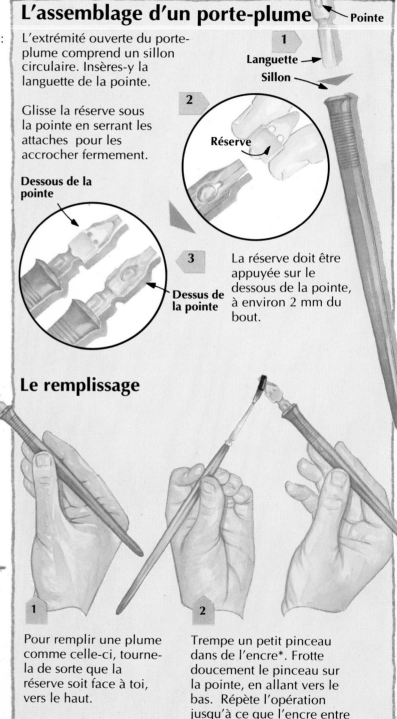

L'assemblage d'un porte-plume

Pointe

L'extrémité ouverte du porte-plume comprend un sillon circulaire. Insères-y la languette de la pointe.

1

Languette

Sillon

Glisse la réserve sous la pointe en serrant les attaches pour les accrocher fermement.

2

Réserve

Dessous de la pointe

3

Dessus de la pointe

La réserve doit être appuyée sur le dessous de la pointe, à environ 2 mm du bout.

Le remplissage

1

Pour remplir une plume comme celle-ci, tourne-la de sorte que la réserve soit face à toi, vers le haut.

2

Trempe un petit pinceau dans de l'encre*. Frotte doucement le pinceau sur la pointe, en allant vers le bas. Répète l'opération jusqu'à ce que l'encre entre dans la réserve.

*N'oublie pas d'utiliser de l'encre soluble à l'eau.

Écrire avec la plume

Il te faudra probablement t'exercer à écrire avec une plume à calligraphie. Pour commencer, reproduis chaque genre de trait présenté ci-dessous. Suis les flèches et essaie de maintenir la plume à angle fixe pendant que tu écris.

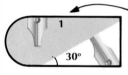

Ce chiffre indique quelle grosseur de pointe utiliser.

Soulève la pointe de la feuille entre ces traits.

Ici, soulève la pointe de la feuille et trace le deuxième trait en allant vers toi.

Tracer des lettres

Les lettres calligraphiques ne sont pas tracées d'un trait de plume continu, comme dans l'écriture habituelle. Elles sont faites de plusieurs traits et il faut soulever la plume de la feuille entre chacun.

Ici, deux traits courbes font un «O».

Ce «S» est fait de trois traits différents.

Ce «W» calligraphié est fait de quatre traits distincts.

Dans les pages qui suivent, tu verras exactement comment former chaque lettre de l'alphabet dans chaque style calligraphique.

Des problèmes?

On peut rencontrer certains problèmes quand on commence à utiliser une plume de calligraphie. Voici des solutions possibles.

L'encre ne coule pas

- Lave la pointe à l'eau chaude, car elle est peut-être graisseuse. Essuie-la avec un mouchoir en papier.
- Vérifie si les attaches de la réserve ne sont pas trop serrées.

L'encre fait des bavures

- Vérifie si l'encre a bien coulé dans la réserve.
- Vérifie si la réserve n'est pas trop loin du bout de la pointe.

Les traits sont irréguliers

- Vérifie si le bout de la pointe entre complètement en contact avec la feuille.

Les traits sont séparés

- N'appuie pas trop fort, car c'est ce qui fait s'écarter les deux parties de la pointe.

LES CAPITALES

Les 26 lettres utilisées dans la majorité des langues occidentales constituent l'alphabet romain. On peut les écrire dans plusieurs styles différents. Leurs formes de base proviennent des 23 capitales, ou majuscules, utilisées par les Romains dans l'Antiquité (voir la page 2). Les minuscules ont été mises au point plusieurs siècles plus tard.

Les squelettes

Les capitales que les Romains utilisaient étaient toutes formées à partir d'une grille. Elles étaient aussi divisées en groupes de lettres de forme similaire.

Tu vois ici ces groupes de lettres. Elles sont présentées sous leur forme la plus simple, appelée squelette.

Comment les écrire

1 Fixe une pointe moyenne (p. ex. n° 3½) au porte-plume de calligraphie et remplis-la d'encre. Pour t'exercer, essaie quelques-uns des traits de base présentés à la page 9.

2 Place du papier-calque tour à tour par-dessus chacune des grilles. Trace les traits de chaque squelette de lettre en suivant la direction des flèches.

Vérifications

• N'oublie pas de soulever la plume entre chaque trait.
• Avant de commencer, vérifie l'angle de la plume pour chaque lettre.
• Vérifie si les lettres ressemblent à celles de la page 40.

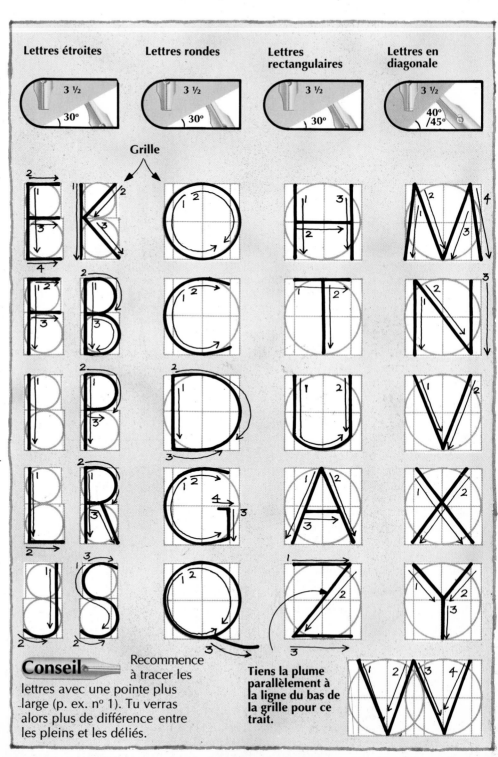

Lettres étroites — 3 ½ — 30°
Lettres rondes — 3 ½ — 30°
Lettres rectangulaires — 3 ½ — 30°
Lettres en diagonale — 3 ½ — 40°/45°

Grille

Conseil Recommence à tracer les lettres avec une pointe plus large (p. ex. n° 1). Tu verras alors plus de différence entre les pleins et les déliés.

Tiens la plume parallèlement à la ligne du bas de la grille pour ce trait.

Des lignes droites

Il est plus facile de calligraphier entre deux lignes parallèles tracées au crayon. Pour t'assurer qu'elles sont droites, aligne le côté A de l'équerre avec un des bords de la feuille, comme sur le dessin de droite. Dessine une ligne au crayon le long du côté B. Fais descendre un peu l'équerre et trace une autre ligne. Rallonge les lignes à la règle.

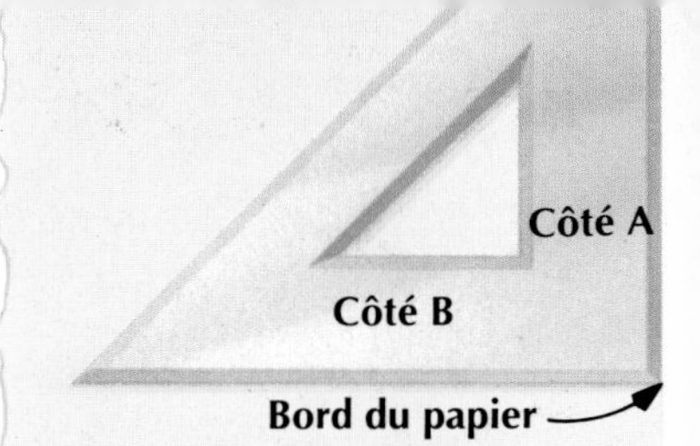

Côté A

Côté B

Bord du papier →

Vérifie l'espacement

1 En calligraphie, il est important de laisser un espace égal entre les lettres. Trace deux lignes séparées par 1 cm, puis recommence en laissant 0,5 cm après la première paire de lignes. Continue pour avoir assez d'espace pour écrire ton nom et ton adresse.

2 En utilisant la largeur de pointe et les angles indiqués à la page 8, inscris ton nom et ton adresse entre les lignes. Essaie de laisser un espace égal entre les lettres.

3 Au crayon, ombre délicatement l'espace entre les lettres. Recule un peu et regarde si les zones ombrées sont à peu près de la même dimension. En t'exerçant, tu devrais être capable de trouver l'espacement correct sans avoir besoin de le mesurer.

Laisse plus d'espace entre deux lettres formées de traits verticaux.

Si tu fais une erreur, gratte doucement le papier avec un couteau de dessinateur.

Les capitales calligraphiées

Quand tu t'en sentiras capable, utilise les capitales romaines pour réaliser un travail. Tu peux acheter une carte de voeux sans message à l'intérieur et y inscrire le tien.

BONNE CHANCE *Marie*

Les empattements

Le dessin ci-dessous montre des lettres gravées dans la pierre par les Romains de l'Antiquité. Les «pieds» décoratifs au bout des traits s'appellent empattements.

Dans la pierre, ils étaient formés par le ciseau du sculpteur. En calligraphie, on peut former les empattements à la fin du trait de plume ou les ajouter par la suite.

Cet empattement est un petit crochet avant le trait.

Ces empattements sont des traits droits ajoutés à la lettre.

Empatte-ments

Cet empattement est fait de deux traits tracés avant le trait de la lettre.

Sans empattement

On peut également calligraphier des lettres sans empattement.

Avec la plume de calligraphie, écris le même mot trois fois.

Maintenant, essaie d'ajouter une sorte d'empattement différente aux lettres de chaque mot. Recule un peu et tu t'apercevras que les lettres ont un aspect différent.

ROM

ROM

ROM

Conseil Quand tu sens que tu maîtrises bien ces lettres, essaie d'ajouter les empattements au fur et à mesure que tu formes les lettres. Il te faudra peut-être t'exercer un peu.

9

Les minuscules

On montre ici comment sont formées les minuscules en calligraphie. On peut les écrire dans plusieurs styles différents. Quand tu connaîtras les détails de base, tu devrais être capable de maîtriser tous les styles calligraphiques.

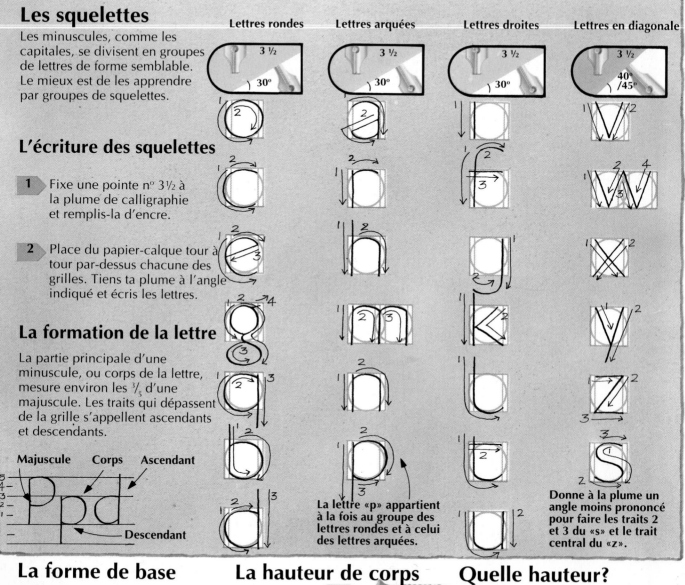

Les squelettes

Les minuscules, comme les capitales, se divisent en groupes de lettres de forme semblable. Le mieux est de les apprendre par groupes de squelettes.

Lettres rondes   **Lettres arquées**   **Lettres droites**   **Lettres en diagonale**

L'écriture des squelettes

1 Fixe une pointe n° 3 ½ à la plume de calligraphie et remplis-la d'encre.

2 Place du papier-calque tour à tour par-dessus chacune des grilles. Tiens ta plume à l'angle indiqué et écris les lettres.

La formation de la lettre

La partie principale d'une minuscule, ou corps de la lettre, mesure environ les ³/₅ d'une majuscule. Les traits qui dépassent de la grille s'appellent ascendants et descendants.

Majuscule   Corps   Ascendant

Descendant

La lettre «p» appartient à la fois au groupe des lettres rondes et à celui des lettres arquées.

Donne à la plume un angle moins prononcé pour faire les traits 2 et 3 du «s» et le trait central du «z».

La forme de base

Toutes les lettres gothiques (voir la page 16) ont les côtés droits, comme ce «o».

Toutes les minuscules d'un style calligraphique sont habituellement fondées sur la lettre «o». C'est la forme de base. Tu la verras chaque fois que tu apprendras un nouveau style.

La hauteur de corps

La hauteur d'une minuscule s'appelle hauteur de corps. On la calcule en becs de plume ou pointe: tiens la pointe comme ceci et fais une petite marque.

Quelle hauteur?

Cette hauteur de corps est de 4 becs de plume.

Un dessin comme celui-ci te montre quelle hauteur donner à toutes les minuscules. Les ascendants et les descendants mesurent environ la moitié de la hauteur de corps.

10

Les lignes d'écriture

Si tu calligraphies des minuscules, tu devras tracer au crayon des lignes d'écriture pour déterminer leur hauteur de corps.

1 Avec l'équerre et la règle, dessine une ligne droite horizontale, comme on le montre au haut de la page 9.

2 Dans la marge de gauche, trace le nombre approprié de becs de plume pour obtenir la hauteur de corps, comme on l'indique à la page 10.

3 Trace une deuxième ligne au-dessus de la hauteur de corps. Tu peux utiliser l'équerre au besoin.

L'alphabet Foundational

Ce style, appelé Foundational, est basé sur les squelettes de minuscules de la page 10. Ci-dessous, tu trouves la hauteur de corps et la forme de base. Trace les lignes d'écriture, puis essaie de reproduire les lettres avec les mêmes angles de plume que pour les squelettes.

abcdefghi
jklmnopq
rstuvwxyz

Vérifications

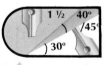

• Recule un peu et vérifie si les espaces à l'intérieur des lettres rondes et arquées sont de la même dimension.

• Vérifie que les lettres ne soient pas inclinées vers la gauche. A l'aide de l'équerre, trace au crayon quelques lignes verticales par-dessus les lignes horizontales pour te guider.

Un signet calligraphié

Les caractères Foundational sont assez clairs et simples, ce qui les rend utiles dans beaucoup d'occasions.

Essaie de reproduire en caractères Foundational un dicton bien connu ou un poème. Tu peux l'écrire sur une bande de carton coloré pour réaliser un signet, comme celui de droite.

En style Foundational, tu peux utiliser les capitales de la page 9. Donne-leur une hauteur de 6 becs de plume.

Laisse la largeur d'un petit «o» entre les mots.

Laisse deux hauteurs de corps entre les lignes, comme dans ce texte.

L'avenir appartient à ceux qui se lèvent tôt

l'aspect des lettres

Le style et la dimension de tout caractère calligraphié exercent une forte impression sur le lecteur. Quand tu connaîtras divers styles, tu pourras décider de celui qui est approprié à un travail en particulier. Les lettres calligraphiées présentées sur cette page, les onciales, sont idéales pour faire l'essai de divers effets.

Les onciales

Les onciales sont utilisées depuis le IVe siècle. Même si certaines onciales avaient des jambages ascendants et descendants, ce n'étaient pas de vraies minuscules. Ces dernières sont apparues plus tard.

Sur une feuille de papier, trace des lignes d'écriture en utilisant la hauteur de corps indiquée ci-dessous. Ensuite, reproduis soigneusement l'alphabet oncial, en suivant les flèches. Continue à t'exercer jusqu'à ce que tes lettres ressemblent à celles de droite.

Cette hauteur de corps est de 3 ½ becs de plume.

Pour le «v», le «w», le «x» et le «y», utilise un angle de 20°.

Un arbre généalogique

Les onciales ont un aspect «historique» qui se prête à la réalisation de l'arbre généalogique de ta famille. Commence par toi-même et remonte le plus loin que tu peux chez tes ancêtres. Tout d'abord, trouve qui a épousé qui et si ces couples ont eu des enfants. Pour les dates, tu trouveras à la page 45 des exemples de chiffres.

Ébauche

1 Fais d'abord une ébauche de ton arbre généalogique pour savoir combien d'espace il prendra sur la page.

2 Dessine les lignes ou «branches» de l'arbre sur une feuille. Trace des lignes d'écriture aux endroits où tu devras inscrire les noms.

3 Inscris en onciales ton nom et celui de tes ancêtres. Trace des lettres plus grosses pour les capitales.

Tu peux inventer un «symbole» ou un blason familial.

Tu peux coller des photographies à côté des noms.

4 Repasse sur les branches de l'arbre avec une règle et un stylo-feutre, pour qu'elles soient claires et nettes.

5 Efface soigneusement les lignes d'écriture.

La graisse des caractères

Tu peux modifier l'impression que donne une lettre de deux façons simples: en l'écrivant avec une pointe différente ou en changeant sa hauteur de corps. C'est cela qui modifie ce qu'on appelle la graisse de la lettre (c'est-à-dire si elle a l'air plus ou moins dense). Tu trouveras ci-contre des exemples de lettres calligraphiées de diverses graisses.

En changeant la pointe

alphabet

alphabet

Ces mots sont de la même hauteur de corps, mais ils sont écrits avec des pointes différentes. Le deuxième, écrit avec une pointe plus large, a l'air plus foncé et prend plus de place.

En changeant la hauteur de corps

alphabet

alphabet

Ceux-ci sont écrits avec la même pointe, mais leur hauteur de corps est différente. Le premier a l'air beaucoup plus dense ou plus gras et prend moins d'espace.

Conseil

Avant de commencer un travail de calligraphie, essaie des pointes de diverses largeurs et plusieurs hauteurs de corps.

les caractères gras sont denses, clairs et puissants

LES CARACTÈRES LÉGERS ONT L'AIR D'UNE SÉRIE DE TRAITS

Une invitation

Vérifie l'effet des différentes graisses des lettres calligraphiées en préparant des invitations à une fête.

1 Dresse la liste des informations à mettre sur ton invitation (de quel événement il s'agit, où et quand il se déroulera).

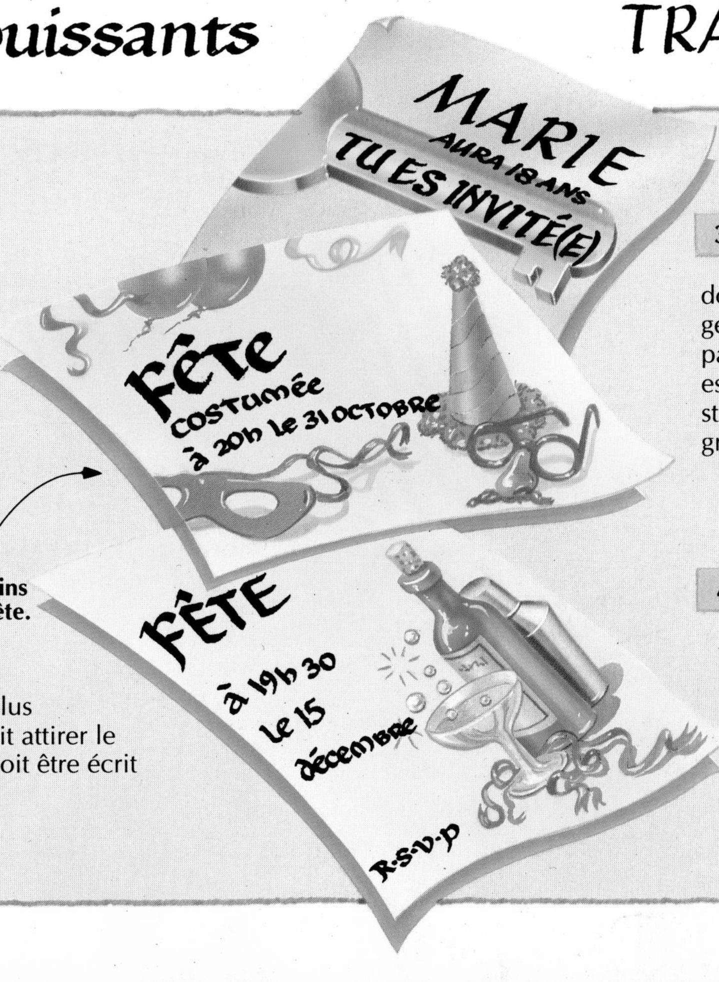

Essaie de décorer les invitations avec des dessins qui correspondent à la fête.

2 Décide des mots les plus importants. Lequel doit attirer le regard en premier? Lequel doit être écrit le plus gros?

MARIE AURA 18 ANS TU ES INVITÉ(E)

FÊTE costumée à 20h le 31 OCTOBRE

FÊTE à 19h 30 le 15 décembre

R.S.V.P

3 Le style de lettrage peut donner une idée du genre de fête. Sur du papier brouillon, essaie plusieurs styles, grosseurs et graisses.

4 Quand tu seras satisfait des lettres choisies, prépare tes lignes d'écriture sur une feuille et écris ton invitation.

LA MISE EN PAGE

La façon dont les illustrations et le texte sont disposés sur la page s'appelle la mise en page. Elle est aussi importante que le style de lettrage que tu choisis et c'est elle qui donnera de la force à ton travail. Voici des idées pour t'aider à décider de la mise en page appropriée à chaque ouvrage de calligraphie.

Les mises en page de base

Ces dessins montrent cinq façons de base pour mettre en page la calligraphie. Il en existe bien d'autres dont tu peux faire l'essai toi-même.

Ici, le texte est aligné ou «justifié» à gauche.

Ce texte est «justifié» à droite, c'est-à-dire qu'il est aligné à droite.

Ici, les lignes sont placées au centre de la page : le texte est centré.

Ce texte est mis en page sur deux colonnes.

Voici une mise en page moins régulière ou mise en page asymétrique.

Tu peux trouver difficile de choisir la mise en page appropriée à un ouvrage. Essaies-en le plus grand nombre possible. Finalement, ton choix sera souvent dicté par tes goûts personnels.

Les présentations inhabituelles

Il te semblera parfois que l'effet général d'un ouvrage de calligraphie est plus important que la facilité de lecture.

Voici quelques exemples de mises en page inhabituelles. Si tu veux en faire l'essai, dessine au crayon, avant d'écrire, des lignes-guide de la forme que tu désires obtenir.

LE HIBOU ET LE CHAT SE RENDIRENT À LA MER DANS UN MERVEILLEUX BATEAU VERT

Cette mise en page suit la forme d'une vague pour créer l'atmosphère appropriée à la phrase.

JOYEUX · NOËL · BONNE · ANNÉE · ET · HEUREUSE · ANNÉE

Ces lettres ont été légèrement «étirées» pour correspondre à la mise en page.

Commence à écrire au milieu et fais tourner le papier au fur et à mesure que tu écris en spirale.

PARLÀ

Le découpage et le collage

Voici une façon de faire l'essai de plusieurs mises en page possibles avant de réaliser l'ouvrage final. C'est le découpage et le collage.

Écris l'ouvrage de calligraphie assez soigneusement, mais sur du papier brouillon, puisque ce n'est pas le produit fini. **1**

Découpe le texte en bandes de papier comportant chacune une ligne de texte. **2**

Place les bandes sur une autre feuille de papier brouillon. Déplace-les jusqu'à ce que tu obtiennes la mise en page qui te plaît. **3**

Colle-les sur la feuille avec un tout petit peu de colle en bâton : n'appuie pas sur les bandes et tu pourras encore les déplacer pendant quelques instants. **4**

En mesurant à partir du haut et des côtés de la feuille, indique où chaque ligne commence. Reporte ces marques sur la feuille de travail et trace les lignes d'écriture. **5**

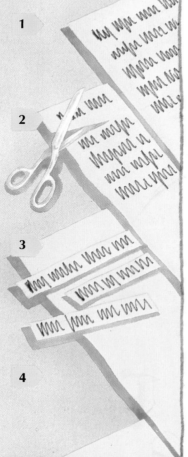

Les marges

Les espaces blancs qui entourent le texte sont les marges. Leur dimension peut donner au travail un aspect aéré ou dense. Voici une façon simple de choisir les marges.

Prends une feuille plus grande que ce dont tu as besoin réellement. Tu pourras toujours la couper, mais tu ne pourras plus l'agrandir! **1**

Découpe quatre grandes bandes de carton ou de papier fort de couleur. Colle-les deux par deux pour former deux angles droits. **2**

Place ces deux angles droits autour de ton travail. Déplace-les jusqu'à ce que tu sois satisfait des marges obtenues. **3**

Au crayon, trace de petites marques dans chaque coin pour indiquer où tu vas découper. Retire les cartons et découpe la feuille avec un couteau de dessinateur et une règle. **4**

Pour un ouvrage court et large, laisse plus d'espace à gauche et à droite et moins en haut et en bas.

Conseils

Cette méthode pour choisir les marges te permettra bientôt d'évaluer les marges sans les mesurer. Certains ouvrages peuvent cependant poser des problèmes. Voici quelques conseils.

Si tu laisses plus d'espace au bas de la page, le texte ne donnera pas l'impression de vouloir «sortir» de la feuille.

Pour un ouvrage long et étroit, laisse moins d'espace sur les côtés et plus en haut et en bas.

Les lettres Gothiques

Le style gothique est l'un des plus populaires en calligraphie. Ces caractères ont un effet puissant et dense. Le gothique est un style impressionnant, mais il n'est pas approprié pour un ouvrage qui doit être facile à lire, parce que les lettres sont plutôt complexes.

Les minuscules gothiques

Toutes les minuscules gothiques sont formées de traits droits, même celles qui sont courbes ou rondes dans les autres styles. Les ascendants et les descendants sont courts.

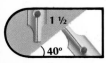

Trace des lignes d'écriture sur une feuille et copie toutes les lettres en suivant les traits numérotés et les flèches.

Les majuscules gothiques

Les majuscules gothiques sont assez compliquées à apprendre. En voici une version assez simple*. Commence par les reproduire sur une feuille de papier-calque posée sur cette page. Quand tu te sentiras prêt, trace des lignes d'écriture sur une feuille et reproduis chaque lettre.

Vérification

• Place deux bandes de papier pour cacher le haut et le bas de quelques lettres. Tu devrais apercevoir une série de traits droits, comme ci-dessus.

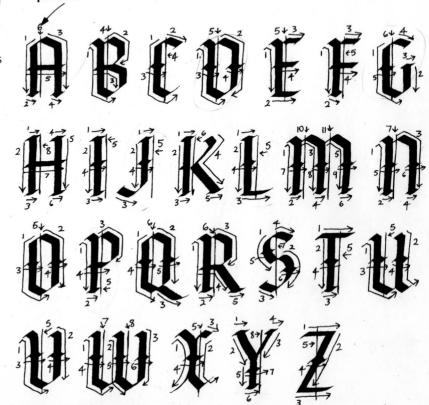

Tourne ta pointe pour faire ce délié aussi fin que possible.

Tu trouveras à la page 40 une version plus complexe de l'alphabet gothique.

Un certificat

Les lettres gothiques font un bel effet, c'est pourquoi elles sont idéales pour un document officiel.

Tu peux réaliser un certificat en lettres gothiques. Ce peut être un vrai certificat ou un document humoristique, comme celui-ci.

1 Décide des mots que tu veux inscrire ainsi que de la dimension et de la graisse des caractères (voir page 13).

2 Écris les mots sur du papier brouillon et fais une ébauche de présentation en découpant et en collant (voir page 15). Ensuite, trace des lignes d'écriture sur ta feuille de travail.

3 Remplis la plume et écris les mots en lettres gothiques sur ton certificat.

Ce certificat est décerné à

NATHALIE COLLIN

qui a réussi l'exploit de ranger sa chambre

En foi de quoi j'ai signé

Amélie

en présence de

Michel

Voici la signature d'un «témoin» qui atteste que le certificat est bien mérité.

Du papier de qualité, comme du papier à cartouche, donnera un aspect plus professionnel au certificat.

Les sceaux

On trouve souvent un sceau de cire au bas des documents anciens. Voici comment en fabriquer un avec deux bouts de ruban et une bougie.

1 Place les rubans sur ton certificat. Allume la bougie et laisse des gouttes de cire tomber sur l'endroit où les deux rubans se rejoignent.

2 Quand la cire aura commencé à refroidir, applique dessus, en appuyant fort, une pièce de monnaie. Retire-la tout de suite et laisse sécher le sceau.

Une lettre moyenâgeuse

Pour apprendre à maîtriser le style gothique, écris une lettre «moyenâgeuse» à quelqu'un. Tu peux utiliser des mots anciens comme «doulce» au lieu de doux ou douce et «ne point» au lieu de «ne pas».

Le gothique aujourd'hui

Les lettres gothiques sont encore utilisées aujourd'hui, particulièrement en Allemagne. On les utilise aussi pour donner un effet impressionnant, comme dans ces exemples.

L'italique

L'italique est un style calligraphique très populaire. Il est plus facile à réaliser que d'autres styles et on peut l'adapter pour obtenir une écriture de tous les jours très élégante.

Les caractéristiques de l'italique

andu *htlb*

Inclinaison de 5°

1 La grille de base de l'italique est un ovale placé à l'intérieur d'un rectangle. Contrairement à l'habitude, la forme de base est un «a» et non pas un «o».

2 La façon dont les lettres italiques sont écrites crée de petits espaces en triangle entre certains traits, comme ci-dessus.

3 Les lettres italiques sont légèrement inclinées vers la droite. Pour évaluer jusqu'où elles doivent être inclinées, observe bien l'angle de 5° de ces lettres.

L'alphabet italique

1 ½ 40°/45°

Dans l'alphabet italique, on trace à même certains traits de plume des empattements en forme de crochet. Ils t'aideront à commencer les traits. Écris chaque lettre aussi souplement que possible.

a b c d e f g h i j
k l m n o p q r s
t u v w x y y z

Empattement en crochet

Les majuscules italiques

Les majuscules italiques sont un peu plus étroites que les capitales romaines. Elles sont aussi inclinées à un angle de 5° vers la droite. Tu trouveras à la page 41 un alphabet italique complet à reproduire.

Les ajouts

Pendant la Renaissance*, lorsqu'on a commencé à utiliser l'italique, on ajoutait souvent aux lettres des traits décoratifs. Tu en trouveras quelques exemples ci-dessous.

Si tu veux les utiliser, veille à ce que ton produit fini ne soit pas trop «encombré».

La reine Élisabeth 1re d'Angleterre utilisait un style italique très ornementé. À cette signature, qui date de 1570, elle a ajouté des traits appelés fioritures.

Fioriture

Certaines personnes ajoutaient des jambages bouclés à leurs ascendants et à leurs descendants.

Jambage bouclé

h g d f

Certaines majuscules italiques comportent des traits supplémentaires appelés empattements obliques. On les ajoute à la fin des traits de plume.

A N H

Empattement oblique

La Renaissance fut une époque d'intense activité artistique en Europe, aux XVe et XVIe siècles.

Les avis

On utilise souvent l'italique pour préparer des menus ou des avis, parce que c'est un style élégant et facile à lire. Pour développer un style souple, exerce-toi à écrire une annonce à épingler à un tableau d'affichage.

1 Pense d'abord à la dimension du lettrage de chaque élément d'information de l'annonce. Certains mots peuvent avoir plus d'importance que d'autres.

2 Écris les mots sur du papier brouillon. En découpant et en collant, choisis la meilleure mise en page (voir page 15).

3 Maintenant, écris ton annonce au propre. Essaie de créer un rythme de traits de plume égaux et inclinés.

4 Quand tu auras terminé, fixe ton annonce au tableau d'affichage et recule un peu pour voir si le lettrage est égal et clair.

Tu peux découper ton annonce dans une forme qui attire l'attention, comme ci-dessous.

Fête des cerfs-volants

ours de peinture
Le lundi au Centre d'art de 19h à 21h

À VENDRE Guitare Fender en excellent état demander Paul Simon

Lettres italiques manuscrites

Dans ton écriture de tous les jours, essaie de faire des lettres italiques d'un trait continu. Parfois, il est aussi plus rapide de lier certaines lettres. Voici certaines des principales façons de lier les lettres. Tu trouveras à la page 42 un alphabet manuscrit complet.

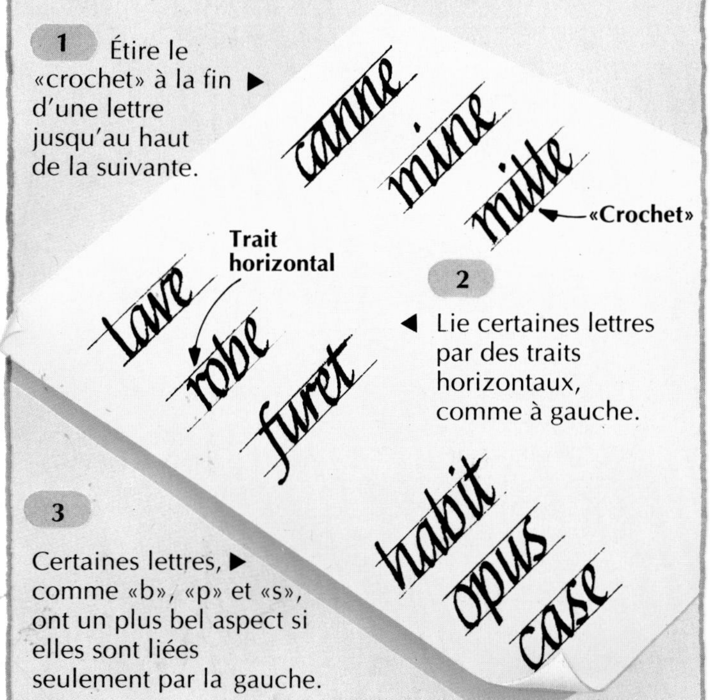

1 Étire le «crochet» à la fin d'une lettre jusqu'au haut de la suivante. ▶

canne mine mitte ← «Crochet»

Trait horizontal

lave robe furet

2 ◀ Lie certaines lettres par des traits horizontaux, comme à gauche.

habit opus case

3 Certaines lettres, ▶ comme «b», «p» et «s», ont un plus bel aspect si elles sont liées seulement par la gauche.

En t'exerçant, tu verras que tu lieras les lettres tout naturellement au fur et à mesure que tu développeras ton propre style.

Quand l'utiliser

Prépare une affiche ou un «tableau» présentant un voyage ou un projet. Écris le texte en style italique manuscrit.

Il est parfois plus rapide d'écrire avec un stylo à plume italique qu'avec une plume de calligraphie. Tu en trouveras dans la plupart des papeteries.

Pour ajouter de l'intérêt, tu peux coller tes souvenirs à différents angles, comme ci-dessous.

Billets du train à vapeur

Notre trajet

MARDI Vue du train

Le poney près de la gare

LES LETTRES COMPOSÉES

Les lettres ci-dessous s'appellent des «lettrines». Dans les livres du Moyen Âge, on les utilisait souvent pour commencer un paragraphe ou un chapitre. Chaque partie de la lettrine est formée de plusieurs traits de plume. On trace d'abord les traits du contour, qu'on remplit ensuite par un trait central.

Les lettrines

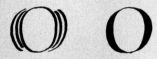

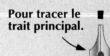

Pour tracer le trait principal.

Pointe tournée pour tracer l'empattement.

Dans le premier dessin, les traits de la lettrine «O» sont séparés. Pour terminer la lettrine, comble les espaces qui les séparent.

Certaines parties d'une lettrine doivent être plus minces au milieu. Les deux traits extérieurs doivent être légèrement concaves (leur courbe doit aller vers l'intérieur), comme ci-dessus.

Pour tracer les traits principaux des lettrines, tourne ta plume afin qu'ils soient aussi larges que possible. Tourne la pointe de façon à faire les empattements aussi fins que possible.

L'alphabet en lettrines

24 becs de plume

5 Angle de la plume : voir plus haut.

Ces lettrines ne sont pas remplies, pour que tu puisses voir leur forme.

Consulte la page 41 pour vérifier si tu as réussi tes lettrines.

Très adaptables

Les lettrines ont toutes sortes d'usages. Voici quelques façons moins traditionnelles de les utiliser.

Voici des lettrines de hauteurs différentes.

Voici des lettrines ouvertes, c'est-à-dire que l'espace central n'a pas été comblé.

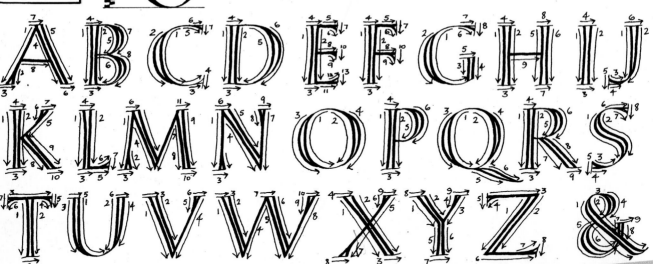

ROMÉO ET JULIETTE

≈ PARIS ≈

Lettres peintes

Dans les manuscrits anciens, les grandes lettrines étaient souvent peintes couleur or ou en de riches couleurs*.

Voici comment remplir la lettrine avec de la peinture. Tu peux adapter cette méthode à d'autres styles de lettrage.

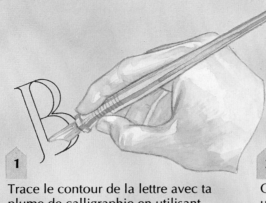

1 Trace le contour de la lettre avec ta plume de calligraphie en utilisant une pointe fine (p. ex. une pointe n° 5).

2 Quand l'encre est sèche, trempe un pinceau fin dans de l'aquarelle ou de la gouache et remplis l'intérieur de la lettre.

Des lettres à motifs

Dessine de grandes lettres avec des plumes à pointe large comme celles de la page 5. Trace ensuite le contour des lettres et décore-les pour réaliser des lettres amusantes comme celles-ci.

Un t-shirt imprimé

Tu peux peindre des lettres sur du bois ou du tissu... mais pas avec une plume! Voici comment faire.

Il te faut :

Un t-shirt propre de couleur unie (en coton, de préférence).

Du papier-calque.

Un petit pinceau fin.

Un crayon à mine dure et un autre à mine tendre.

Du ruban-cache adhésif.

De la peinture pour tissu indélébile (suis soigneusement les instructions).

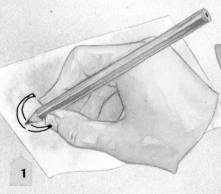

Ruban-cache

Carton

1 Avec un crayon à mine dure, trace les lettres sur du papier-calque. Retourne la feuille à l'envers et, en appuyant très fort, repasse sur le tracé avec un crayon à mine tendre.

2 À l'aide de ruban-cache adhésif, fixe la feuille à l'endroit sur le t-shirt. Passe sur les lettres avec un crayon à mine dure pour que le dessin s'imprime sur le tissu.

3 Place un morceau de carton à l'intérieur du t-shirt. Peins d'abord le contour de chaque lettre et ensuite, avec le pinceau fin, remplis soigneusement les lettres avec la peinture.

Tu trouveras plus de détails à la page 23.

L'ornementation et l'enluminure

De tout temps, les calligraphes ont décoré leurs ouvrages. Tes décorations peuvent être assez simples tout en donnant un bel effet, comme ci-dessous.

Des bordures ravissantes

Une bordure décorée forme un cadre élégant pour la calligraphie.

Tu trouveras d'autres exemples de bordures à la page 45.

Remplis d'encre ta plume de calligraphie et crée un motif avec des traits de plume tout autour de la feuille.

Ne la fais pas trop large, car elle pourrait prendre plus d'importance que le lettrage.

Jean·Jean·Jean·
aeiouaeiouaeioua

Pour faire une bordure, tu peux écrire des lettres de l'alphabet, ton nom ou le titre de ton ouvrage.

Voici quelques idées.

Déplace le pochoir tout autour de la feuille.

Pour faire un pochoir, découpe un motif dans du carton mince. Fixe-le sur ta feuille et ajoute de la couleur dans les trous. Déplace le pochoir tout autour de la feuille*.

Dessins à la plume

Tu peux créer des dessins à la plume pour décorer ton ouvrage.

1 Fais un dessin sur la feuille avec un crayon à mine assez dure.

2 Passe sur les traits avec ta plume à calligraphie (pointe moyenne ou fine).

Ces ombres sont faites de traits de plume qui se croisent. Ce sont des hachures en croisillon.

Une plaque à ton nom

Tu peux combiner le lettrage et l'ornementation en créant sur du carton mince une plaque à ton nom que tu accrocheras à la porte de ta chambre. Les motifs ci-dessous te donneront des idées de décoration qui s'harmonisent avec le lettrage.

Une bordure de traits de plume accompagne bien le lettrage gothique.

Des dessins délicats accompagnent bien l'italique.

Ces capitales romaines s'harmonisent bien avec des formes géométriques.

*Tu trouveras à la page 34 des renseignements

L'enluminure

Au Moyen Âge, les majuscules étaient souvent magnifiquement décorées, comme celle de gauche. L'enluminure consiste à ajouter de la peinture dorée et des couleurs. Tu verras ci-dessous comment faire.

Cette majuscule enluminée est basée sur des motifs traditionnels.

Le texte a été disposé autour d'une majuscule enluminée.

De l'or à bon marché

Voici quelques articles peu coûteux qui te permettront de colorer ton ouvrage en doré.

Tu peux utiliser cette gouache dorée seule ou délayée dans de l'eau.

Les crayons-feutres dorés font de beaux contours, mais l'encre peut créer un cerne sur la feuille.

Tu peux mélanger cette poudre dorée à de la gomme arabique ⇨ et de l'eau et ensuite remplir la plume.

La dorure

En enluminure, on applique le doré avant toute autre couleur. C'est la dorure.

Les vraies feuilles d'or coûtent cher. La méthode présentée ici utilise de minces feuilles d'or à décalquer qui sont peu coûteuses.

Il te faut :

De la colle PVA⇨.

Un tube de gouache (de n'importe quelle couleur)*.

Une feuille d'or à décalquer.

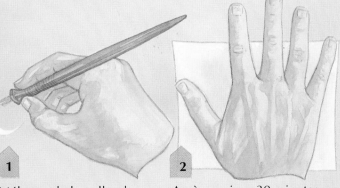

1 Mélange de la colle, de l'eau et un peu de gouache, puis remplis ta plume. Trace le contour de la lettre et remplis l'intérieur.

2 Après environ 30 minutes, souffle sur la lettre pour la rendre de nouveau collante. Place la feuille d'or à décalquer par-dessus et appuie fermement.

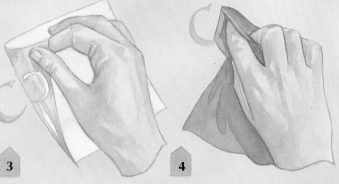

3 Retire la feuille. Si l'or n'a pas adhéré à toute la lettre, recommence l'étape 2 jusqu'à ce qu'elle soit complètement recouverte.

4 Frotte délicatement la lettre dorée avec un morceau de tissu doux, pour la faire briller. C'est le brunissage.

La décoration

Ajoute à la lettre dorée des décorations qui accompagnent bien ton ouvrage. Voici des exemples.

Tu peux ajouter des étincelles à une lettre.

Essaie de dessiner des fleurs.

Enlumine la lettre avec des dessins simples.

Tu trouveras à la page 32 des précisions sur la gouache.

Les cartes et les cadeaux

Tu peux utiliser tes talents de calligraphe pour créer des cartes et des cadeaux originaux.

Le papier et les cartes

Fabrique des cartes avec plusieurs sortes de papier ou de carton. Tu trouveras ci-dessous les principales sortes de papier et de carton disponibles, ainsi que leurs utilisations.

Le papier à dessin est idéal pour les brouillons et pour certains ouvrages.

Le papier à cartouche ou papier fort donne un effet plus «sophistiqué» aux cartes, aux certificats et aux affiches.

Il est facile d'écrire sur du papier Ingres ou du papier Caslon, qui donnent un bel effet.

Le papier fait main coûte cher, mais il est idéal pour les petits ouvrages.

Le papier texturé produit des effets de lettrage intéressants.

Les magasins de matériel d'artiste vendent du carton mince de toutes les couleurs.

La fabrication d'une carte

Il existe une foule de façons de plier une carte. Chacune donne un effet différent. Essaie de plier des feuilles de papier brouillon comme on l'indique ci-dessous; cela te donnera des idées pour fabriquer tes cartes.

Cette carte a été pliée en deux sur la diagonale et pliée en deux encore une fois.

Une carte accordéon

Voici une carte idéale pour écrire une blague ou un poème.

Il te faut :

Un carton d'environ 10 cm sur 30 cm.

40 cm de ruban.

Une pince perforatrice.

1 Compte le nombre de lignes de la blague ou du poème. Plie la carte en sections égales pour faire un accordéon.

Si ta carte comprend six sections, chacune sera de 5 cm de largeur.

Centre du pli

2 Trace des lignes d'écriture et écris une ligne dans chaque section, en commençant par le haut.

3 Trace une marque au centre, à tous les deux plis, en commençant par le haut. Perce un trou dans chaque marque.

4 Replie la carte et enfile le ruban dans les trous, puis fais une boucle avec les deux extrémités.

24

L'écriture sur du verre

Tu peux même calligraphier sur du verre. Voici comment faire.

Pour déterminer la grosseur des lettres, écris-les dans plusieurs dimensions sur du papier et place le papier sur le verre.

Fixe à l'intérieur du verre le modèle que tu as choisi, à l'endroit désiré.

Ajuste bien le papier sur la partie courbée du verre.

Avec un petit pinceau et de la peinture qui résiste à l'eau, comme de l'émail, peins soigneusement les lettres.

Avec un chiffon trempé dans de la térébenthine ou un solvant*, efface les erreurs pendant que la peinture est encore humide.

Quand la peinture est sèche, retire le modèle de l'intérieur du verre. Lave bien le verre à l'eau chaude savonneuse.

Tu trouveras aux pages 34 et 35 des explications sur le papier cadeau et les étiquettes de cadeau calligraphiés.

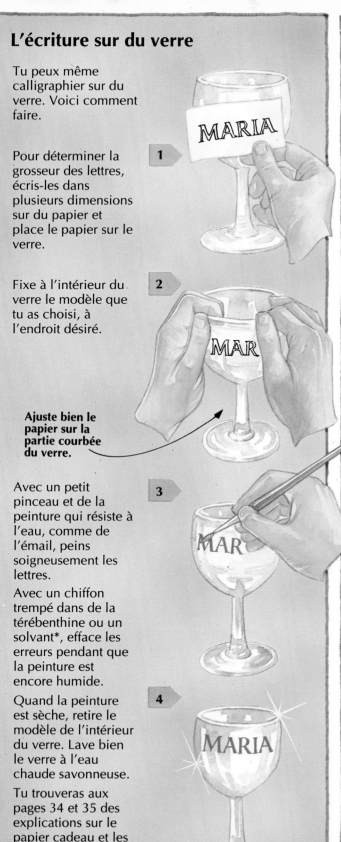

L'encadrement

Un ouvrage encadré a un aspect plus professionnel. Voici comment réaliser un cadre simple.

1 Laisse une bande libre de 3 cm tout autour des marges (voir page 15). Découpe deux morceaux de carton ou de carton de montage ↝ de la même dimension que la feuille.

Bande de 3 cm

2 Mets un petit peu de colle tout autour d'un des morceaux de carton. Place la feuille sur le carton, pose du papier-calque par-dessus et appuie fermement avec la paume de la main.

3 Mesure une bande de 3 cm tout autour du deuxième morceau de carton et trace les lignes. Place la règle le long de chaque ligne et coupe le centre du carton pour obtenir le cadre.

Ne coupe pas jusqu'au bord.

4 Mets un peu de colle tout autour d'une des faces du cadre. Place-la soigneusement par-dessus la feuille de sorte que les côtés soient alignés. Appuie fermement sur le tout.

Côtés alignés

5 Avec du ruban adhésif, fixe une boucle de ruban derrière ton ouvrage pour pouvoir l'accrocher au mur.

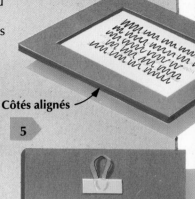

LA CALLIGRAPHIE CHINOISE

La calligraphie chinoise est aérée et dégagée. Selon la tradition, on la réalise avec un pinceau de bambou. Tu peux aussi en utiliser un pour donner un aspect oriental à ta calligraphie.

Les pinceaux chinois

Voici quelques-uns des pinceaux ↝ que les calligraphes chinois utilisent. L'idéal, pour commencer, est un gros pinceau de bambou en poils de soie à pointe fine.

La préparation

Pour faire de la calligraphie orientale, ta planche à dessin doit être à plat. Les divers traits sont obtenus en variant la pression exercée sur le pinceau.

1 Fixe du papier brouillon (ou du papier journal) sous la feuille de travail pour absorber l'humidité produite par les traits de pinceau.

2 Trempe entièrement la pointe du pinceau dans de l'eau, puis les deux tiers dans de l'encre.

3 Tiens le pinceau bien droit, les doigts placés comme sur l'illustration ci-dessous.

4 Essaie de reproduire les traits présentés ci-contre. Une explication est donnée à côté de chacun.

Place le pinceau à plat et pousse-le vers l'extérieur.

Donne un coup sec vers l'extérieur pour produire ces traits.

Place le pinceau à plat puis relève-le pour produire ces traits courts.

Tiens le pinceau à la verticale et fais-le tourner pour créer des petits cercles.

Fais remonter le pinceau vers le haut de la page en le soulevant progressivement.

Pinceau en plumes de paon

Pinceau en duvet de canard

Pinceaux de bambou avec soies

Pour obtenir ce trait, commence en appuyant légèrement sur la pointe, appuie un peu plus fort, puis retire lentement le pinceau.

Les pierres à encre

Les calligraphes chinois font leur encre en broyant un bâton d'encre↝ avec un peu d'eau dans une pierre à encre↝.

Bâton d'encre

Pierre à encre

Les caractères chinois

L'alphabet chinois n'est pas fait de lettres mais de caractères qui représentent chacun une idée, les idéogrammes. Chaque caractère est fait de plusieurs coups de pinceau.

Il n'est pas possible de présenter ici tous les caractères chinois, mais celui-ci comprend les huit traits de base de la calligraphie chinoise. Pour les réaliser, varie la pression exercée sur le pinceau (voir page 26).

Suis la direction des flèches et, avec le pinceau, reproduis chaque trait du caractère dans le bon ordre. Ne t'inquiète pas si tu ne réussis pas du premier coup.

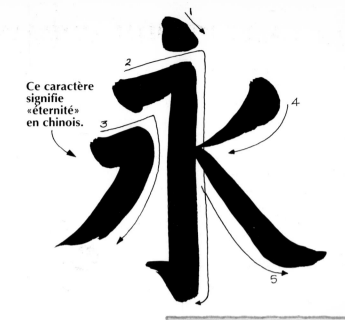

Ce caractère signifie «éternité» en chinois.

Un rouleau chinois

Les caractères chinois sont habituellement écrits verticalement et non horizontalement. Les trois caractères ci-dessous signifient «longue vie, bonne chance et bonheur». Essaie de les écrire sur une longue feuille de papier qui ressemble à un rouleau chinois.

Pour tracer ces caractères avec le pinceau, suis les flèches dans l'ordre.

Ces dessins sont formés par quelques-uns des traits de pinceau présentés à la page précédente.

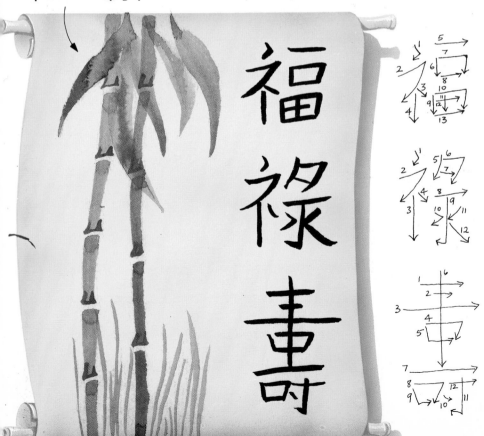

Dessins au pinceau

Tu peux facilement donner un air oriental à d'autres styles calligraphiques. Écris les mots les uns au-dessous des autres ou ajoute des illustrations au pinceau, comme ci-dessous.

Les dessins chinois au pinceau représentent habituellement des éléments naturels, comme des arbres et des fleurs.

DES OUTILS DIFFÉRENTS

Tu n'as pas toujours besoin d'une plume de calligraphie pour calligraphier, comme tu l'as vu aux pages 26 et 27. Tu trouveras intéressant de faire l'essai du plus grand nombre possible d'outils ou même de fabriquer les tiens (voir pages 4 et 5).

Les pinceaux de calligraphie

On trouve des pinceaux de calligraphie à brosse large ∽ comme ceux-ci. Ils ne coûtent pas cher et il en existe plusieurs grosseurs. Voici quelques-uns des effets qu'ils permettent de créer. Page 43, tu verras tout un alphabet peint au pinceau.

Les pinceaux larges donnent des traits puissants et épais, comme celui-ci.

Une pinceau moyen trempé dans de l'encre délayée avec de l'eau crée cet effet.

Pour faire ce trait, on a trempé un petit pinceau dans de l'encre puis on l'a essuyé sur un mouchoir en papier.

Les plumes automatiques

Les deux plumes présentées ci-dessous sont des plumes automatiques ∽. Elles ont des pointes larges ou doubles et servent à créer des effets spéciaux ou à tracer des traits larges.

Comment remplir une plume automatique

Cette double pointe trace deux traits plutôt qu'un seul. Elle permet de créer de jolies ondulations. (Voir aussi page 42.)

En utilisant deux pinceaux, essaie de remplir d'une encre de couleur différente chacune des moitiés d'une plume automatique à pointe large. Tu obtiendras l'effet présenté ici.

Pour remplir la plume, trempe un pinceau dans de l'encre et frotte-le à l'intérieur de l'extrémité inférieure de la pointe, sur les deux côtés. L'encre se logera derrière le côté qui sert à écrire.

Les plumes d'oie

Ces plumes sont fabriquées avec des plumes d'oie. Il est difficile d'en couper la pointe. Il existe des livres qui expliquent précisément comment en fabriquer une.

On peut acheter des plumes d'oie toutes prêtes, comme celle-ci.

Fabrique tes propres plumes

Voici deux instruments d'écriture simples à réaliser que tu peux fabriquer toi-même. Tu dois utiliser un couteau: sois donc prudent et dirige la lame du couteau vers l'extérieur, jamais vers toi.

Les plumes de bambou

Depuis des milliers d'années, on utilise des tiges de bambou pour faire des plumes. Tu peux en réaliser une avec un bout de tuteur pour plantes d'environ 10 cm de long et de diamètre moyen.

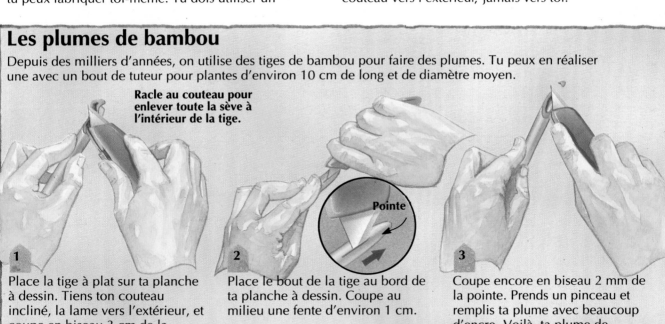

Racle au couteau pour enlever toute la sève à l'intérieur de la tige.

Pointe

1 Place la tige à plat sur ta planche à dessin. Tiens ton couteau incliné, la lame vers l'extérieur, et coupe en biseau 3 cm de la pointe.

2 Place le bout de la tige au bord de ta planche à dessin. Coupe au milieu une fente d'environ 1 cm.

3 Coupe encore en biseau 2 mm de la pointe. Prends un pinceau et remplis ta plume avec beaucoup d'encre. Voilà, ta plume de bambou est prête!

Les plumes de balsa

Avec un morceau de balsa ∾ de 10 cm de largeur et de 0,5 cm d'épaisseur, tu peux fabriquer plusieurs «plumes» de calligraphie. Ce bois est peu coûteux..

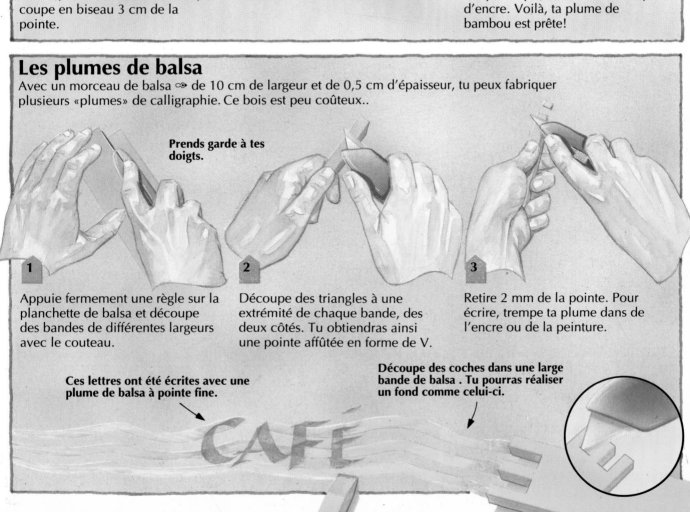

Prends garde à tes doigts.

1 Appuie fermement une règle sur la planchette de balsa et découpe des bandes de différentes largeurs avec le couteau.

2 Découpe des triangles à une extrémité de chaque bande, des deux côtés. Tu obtiendras ainsi une pointe affûtée en forme de V.

3 Retire 2 mm de la pointe. Pour écrire, trempe ta plume dans de l'encre ou de la peinture.

Ces lettres ont été écrites avec une plume de balsa à pointe fine.

Découpe des coches dans une large bande de balsa . Tu pourras réaliser un fond comme celui-ci.

CAFÉ

CRÉER UN ALPHABET

Tu n'es pas obligé d'utiliser uniquement les styles de lettres présentés dans ce livre. Voici comment les adapter ou comment inventer un alphabet bien à toi.

Modifier les lettres

Tu peux utiliser certaines des techniques que tu as apprises dans ce livre pour modifier l'aspect d'un style de lettrage.

Voici trois façons d'adapter les lettres.

1

Tu peux utiliser des pointes de largeurs différentes ou des hauteurs de corps différentes pour changer la graisse des lettres (voir page 13).

Ces lettres Foundational sont écrites avec une pointe fine.

2

Recommence en utilisant un pinceau au lieu d'une plume.

Ces onciales sont écrites avec un pinceau de calligraphie de largeur moyenne.

3

Tu peux exagérer certaines caractéristiques des lettres ou ajouter des traits supplémentaires.

On a ajouté à ces lettres en italique des traits supplémentaires appelés jambages bouclés.

Crée ton propre alphabet

Voici les étapes à suivre pour créer l'alphabet présenté au bas de cette page. Elles te serviront aussi à inventer ton propre alphabet.

1 Fixe une pointe large (p. ex. n° 1 ½) à ta plume de calligraphie. Tu pourras plus tard essayer d'autres pointes, si tu en as envie.

2 Détermine d'abord à quoi ressemblera ton alphabet. Ensuite, réfléchis aux caractéristiques qui te permettront de lui donner l'aspect choisi.

Essaie plusieurs formes différentes.

Ce «O» est la forme de base de l'alphabet présenté ci-dessous.

3 Décide d'abord de la forme du «O». C'est elle qui déterminera la forme de toutes les autres lettres de l'alphabet.

4 Écris ton alphabet dans les groupes de lettres présentés ci-dessous. Tu devras varier l'angle de la plume pour les lettres en diagonale, afin que les lettres de l'alphabet aient un aspect commun.

Lettres étroites

1 ½   25°

I L E F J K B
P R S

Lettres rondes
1 ½   25°

O Q D C G

Lettres rectangulaires
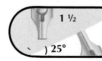
1 ½   25°

H T U Z

Pour tracer ce trait, tiens ta plume à un angle moins prononcé.

Lettres en diagonale
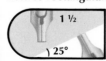
1 ½   35°

A M N V W
X Y

Du papier à lettres personnalisé

Pour donner un cachet personnel à du papier à lettres, écris ton nom et ton adresse avec ton alphabet. Si tu travailles à l'encre noire, tu pourras faire des photocopies de l'original.

1

Écris ton nom et ton adresse plusieurs fois avec ton alphabet, de la grosseur que tu veux.

2

Avec la méthode de découpage et de collage expliquée à la page 15, essaie diverses mises en page au haut d'une feuille de papier.

3

Quand tu auras choisi la présentation, trace des lignes d'écriture et calligraphie l'en-tête.

Les logos

Tu peux réaliser un logo, c'est-à-dire un symbole graphique, de tes initiales avec ton alphabet et l'utiliser sur ton papier à lettres.

Les timbres de caoutchouc

Tu peux découper des lettres dans une gomme pour faire un timbre de caoutchouc. Conçois un logo avec les initiales de quelqu'un et découpe-les dans la gomme. Offre ensuite ce timbre en cadeau avec un tampon encreur.

Il te faut :

Du papier-calque

Un tampon encreur

Une gomme ferme

Un crayon

Un couteau de dessinateur

Les lettres s'impriment à l'endroit.

1

Avec un crayon à mine tendre, écris le logo sur du papier-calque. Tourne la feuille à l'envers et pose-la sur la gomme. Avec un crayon à mine dure, repasse sur les traits.

2

Découpe le contour des lettres avec le couteau de dessinateur. Incline un peu la lame vers l'extérieur des traits des lettres.

3

Gratte progressivement le caoutchouc tout autour des lettres, jusqu'à ce que celles-ci ressortent de 2 mm au-dessus de la surface.

4

Appuie ton timbre sur le tampon encreur, puis sur une feuille. Si les contours ne sont pas clairs, ébarbe les bords des lettres.

La calligraphie et la couleur

Il y a plusieurs façons d'ajouter de la couleur à la calligraphie. Voici quelques idées.

Écrire à la gouache

Tu peux calligraphier avec de la gouache de toutes les couleurs, en tubes ou en pots ⟳.

1 Mets un peu de gouache dans un petit pot. Ajoute un peu d'eau et mélange pour obtenir une consistance crémeuse.

2 Laisse le mélange reposer quelques heures. Remplis ta plume de calligraphie à l'aide d'un pinceau.

Des couleurs qui changent

Remplis ta plume avec de la gouache d'une couleur différente après avoir écrit quelques lettres. Ne la rince pas entre les remplissages. Mélange les couleurs dans un bac à glaçons vide : commence à gauche dans la rangée du haut, puis continue à gauche dans celle du bas.

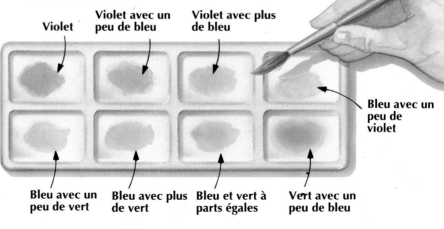

Violet

Violet avec un peu de bleu

Violet avec plus de bleu

Bleu avec un peu de violet

Bleu avec un peu de vert

Bleu avec plus de vert

Bleu et vert à parts égales

Vert avec un peu de bleu

Les lettres ressembleront un peu à ceci.

Choix des couleurs

Il vaut la peine de prendre le temps de choisir les couleurs et de faire l'essai de plusieurs combinaisons.

Les couleurs choisies se combinent au style de lettrage pour donner le «cachet» de chaque ouvrage.

Ces couleurs «chaudes» donnent une impression de vie, de passion et d'ardeur.

Ces couleurs «froides» créent un effet calme et paisible.

Ces deux couleurs très différentes créent un effet plus intéressant.

Des lettres pâles sur un fond foncé et des lettres foncées sur un fond pâle donnent un effet frappant.

Des teintes rapprochées créent un effet plus doux.

Les encres de couleur

Tu peux utiliser des encres permanentes sans les délayer, mais elles risquent de donner des lettres inégales et de bloquer la plume.

Un lavis

Essaie de peindre une feuille blanche à la gouache ou à l'aquarelle délayée pour créer un fond subtilement coloré. C'est ce qu'on appelle un lavis.

1 Trempe la feuille dans l'eau pendant environ une minute. Fixe-la à plat sur ta planche à dessin avec du ruban à dessin gommé ∞. Laisse-la sécher.

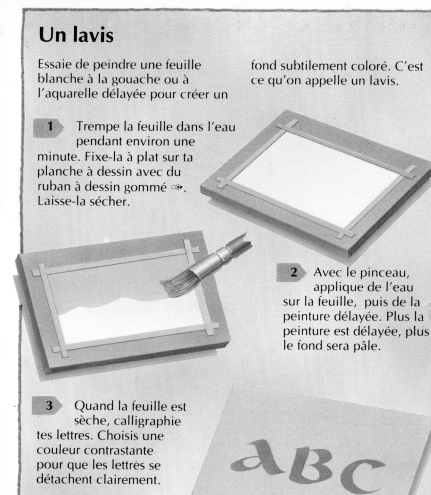

2 Avec le pinceau, applique de l'eau sur la feuille, puis de la peinture délayée. Plus la peinture est délayée, plus le fond sera pâle.

3 Quand la feuille est sèche, calligraphie tes lettres. Choisis une couleur contrastante pour que les lettres se détachent clairement.

Un lavis sur craie de cire

Tu peux ajouter un lavis sur des lettres calligraphiées avec une craie de cire à la pointe en biseau (voir la page 5). L'exemple ci-dessous a été réalisé avec une craie de cire blanche.

1 Avec la craie de cire taillée en biseau, calligraphie quelques lettres sur une feuille de papier blanc.

2 Suis les étapes ci-contre pour faire le lavis.

Des lettres invisibles

Tu peux créer des effets intéressants en utilisant du liquide à masquer ∞. Ses vapeurs sont toxiques, emploie-le donc uniquement dans une pièce bien aérée. Lave la pointe de la plume quand tu auras terminé.

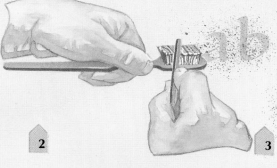

1 Verse dans une soucoupe un peu de liquide à masquer. Avec un pinceau, remplis ta plume de ce liquide et écris quelques lettres.

2 Trempe une vieille brosse à dents dans de la gouache, place-la au-dessus des lettres et frotte doucement une allumette de bois sur le dessus des soies.

3 Frotte les lettres avec le bout du doigt. Elles «apparaîtront» dans le nuage de gouache, le crachis, où le liquide avait «caché» le papier.

les pochoirs et les frottis

On peut aussi découper les formes des lettres. Voici comment utiliser des lettres calligraphiées pour fabriquer des pochoirs et réaliser des frottis.

Les pochoirs

Pour réaliser des pochoirs, tu peux utiliser n'importe lequel des styles de calligraphie présentés dans ce livre. L'idéal est de se servir du papier à pochoir ciré ☞, mais tu peux prendre du carton mince.

1

Écris de grosses lettres sur du papier à dessin. Ensuite, place du papier-calque par-dessus et trace le contour des lettres à la mine.

2

Place le papier-calque sur le papier à pochoir ou sur le carton et repasse sur les lettres. Fais les déliés plus épais, pour les rendre plus faciles à découper.

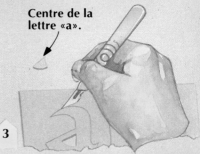

Centre de la lettre «a».

3

Découpe le contour des lettres avec un couteau de dessinateur pour le pochoir. Conserve les «centres» qui se détachent.

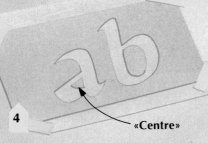

4 «Centre»

Avec du ruban-cache, fixe le pochoir sur une feuille de papier à dessin. Colle les «centres» des lettres avec un petit peu de colle en bâton. N'appuie pas trop fort.

5 Attention : ne fais pas bouger le «centre».

Colorie les «trous» du pochoir au crayon, à la craie de cire ou avec une petite boule d'ouate trempée dans la peinture.

6

Retire avec soin le pochoir et le centre des lettres. Conserve-les pour te monter une «bibliothèque» de pochoirs.

Des pochoirs élégants

Voici des exemples d'utilisation des pochoirs. Si tu t'en sens capable, essaie de reproduire au pochoir, tout autour de ta chambre, une bordure calligraphiée.

Pour réaliser du papier cadeau original, reproduis une phrase ou des mots autant de fois que tu le veux sur une grande feuille de papier.

Ici, on a collé des pochoirs sur une assiette et sur une tasse et peint les lettres avec de l'émail permanent.

·Mum·
·Maman·
·Mutti·Mama···
·Mum·

CAROLINE

THÉ

Les frottis

Place une feuille sur les pochoirs ou sur les lettres que tu auras découpées. Ensuite, passe par-dessus avec un crayon à mine tendre ou une craie de cire. C'est ce qu'on appelle un frottis.

Frotte tout autour de la lettre, comme ci-dessous.

1

Découpe des lettres dans du carton mince, comme indiqué à la page précédente. Cette fois-ci, tu utiliseras les morceaux que tu auras découpés.

2

Avec de la colle caoutchouc, colle les lettres sur un carton. Ce sera ta planche de frottis.

3

Place une feuille de papier à dessin sur la planche de frottis. Pour réaliser le frottis, frotte doucement une craie de cire ou un crayon à mine tendre sur toute la feuille.

Des étiquettes de cadeaux

Tu peux fabriquer des étiquettes de cadeaux avec des frottis. Perce un trou et fais-y passer un ruban pour attacher l'étiquette au cadeau.

Utilise du carton mince plutôt que du papier : c'est plus solide et le frottis sera tout de même clair.

Après avoir terminé les frottis, découpe les étiquettes dans des formes différentes.

Choisis une craie de cire dont la couleur ressortira sur le carton de couleur.

Un collage coloré

Réalise une grande affiche avec un collage de frottis de lettres calligraphiées.

Cette lettre a été découpée dans du carton ondulé pour réaliser un frottis texturé.

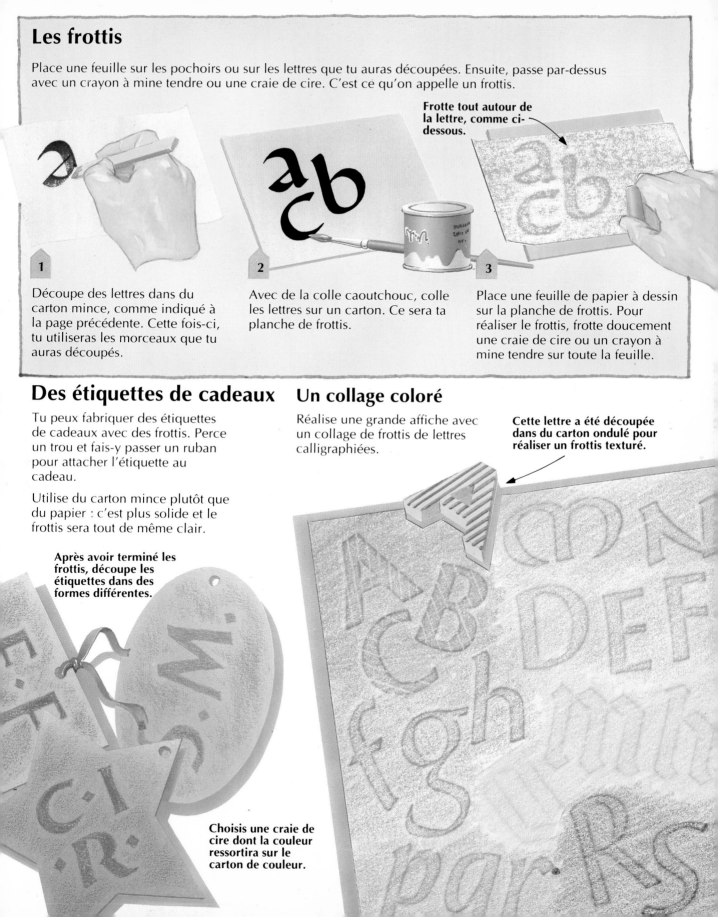

LE GAUFRAGE ET LA GRAVURE

Voici deux techniques de calligraphie plus complexes. Ce sont le gaufrage et la gravure.

Le gaufrage

Les lettres gaufrées ne sont pas écrites mais «moulées» dans le

Il te faut :
Une feuille de carton mince.
Un pinceau dont le bout est arrondi.
Une feuille de papier à dessin.

papier. Voici une technique de gaufrage de base qui demande des matériaux simples et peu coûteux.

Un couteau de dessinateur.
Une feuille de papier à cartouche d'épaisseur moyenne.
Un crayon à mine tendre et un crayon à mine dure.

1

Dessine les déliés plus épais.

Avec un crayon à mine tendre, dessine le contour de grandes lettres sur une feuille de papier à dessin.

Découpe des contours aussi nets que possible.

3

Sur le carton, les lettres seront inversées. Découpe-les avec un couteau de dessinateur bien affilé. Sois prudent!

Ne frotte pas trop fort, car le papier pourrait se déchirer.

5

Avec le bout arrondi du manche du pinceau, frotte doucement le papier dans les «moules» des lettres.

2

Tourne la feuille à l'envers. Fixe-la sur le carton mince. Repasse sur les contours avec un crayon à mine dure.

4

Colle le carton sur un autre carton, puis place le papier à cartouche par-dessus.

6

Retourne le papier. Les lettres gaufrées devraient ressortir en relief.

Les effets de gaufrage

Les lettres gaufrées ont un aspect très raffiné. Voici plusieurs façons de les employer.

Les invitations sont souvent gaufrées.

Le papier à lettres gaufré est très élégant.

R.S.V.P. signifie «Répondez s'il vous plaît» (dans une invitation).

Réalise une couverture gaufrée pour un livre.

Ombre et lumière

Les lettres gaufrées projettent des ombres douces. Accroche un papier gaufré au mur et éclaire-le sous des angles différents pour obtenir le meilleur effet.

La gravure

Les lettres sont gravées dans une substance solide, comme la pierre ou l'argile. Tu peux graver la plupart des styles calligraphiques, mais commence par les capitales romaines, car elles donnent l'effet le plus réussi.

Il te faut :

Un rouleau à pâtisserie ou une bouteille

De la pâte à modeler

Un couteau de dessinateur

Une feuille de carton mince

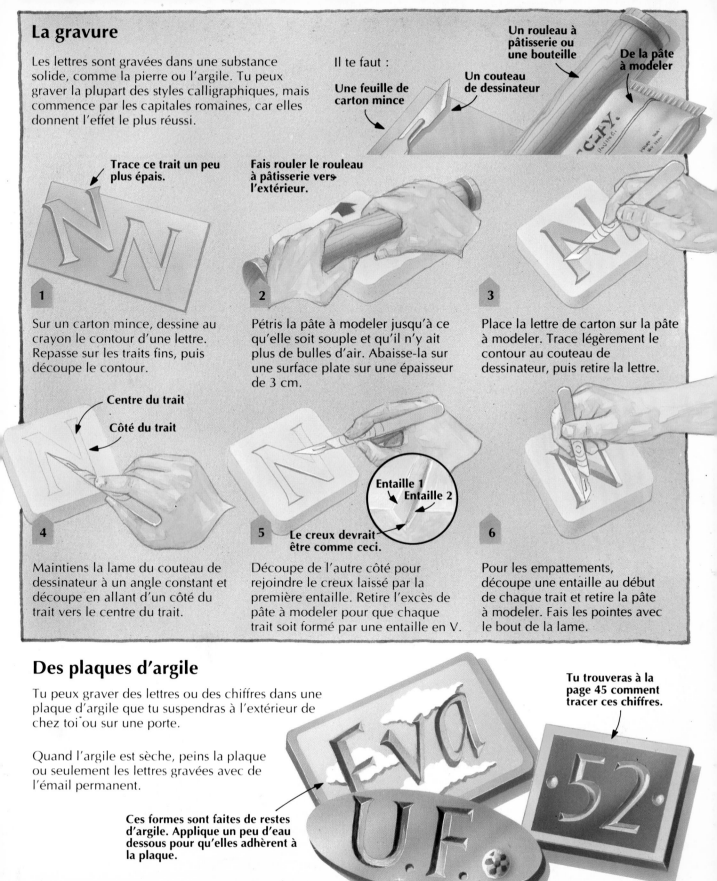

Trace ce trait un peu plus épais.

1

Sur un carton mince, dessine au crayon le contour d'une lettre. Repasse sur les traits fins, puis découpe le contour.

Fais rouler le rouleau à pâtisserie vers l'extérieur.

2

Pétris la pâte à modeler jusqu'à ce qu'elle soit souple et qu'il n'y ait plus de bulles d'air. Abaisse-la sur une surface plate sur une épaisseur de 3 cm.

3

Place la lettre de carton sur la pâte à modeler. Trace légèrement le contour au couteau de dessinateur, puis retire la lettre.

Centre du trait

Côté du trait

4

Maintiens la lame du couteau de dessinateur à un angle constant et découpe en allant d'un côté du trait vers le centre du trait.

Entaille 1

Entaille 2

5   **Le creux devrait être comme ceci.**

Découpe de l'autre côté pour rejoindre le creux laissé par la première entaille. Retire l'excès de pâte à modeler pour que chaque trait soit formé par une entaille en V.

6

Pour les empattements, découpe une entaille au début de chaque trait et retire la pâte à modeler. Fais les pointes avec le bout de la lame.

Des plaques d'argile

Tu peux graver des lettres ou des chiffres dans une plaque d'argile que tu suspendras à l'extérieur de chez toi ou sur une porte.

Quand l'argile est sèche, peins la plaque ou seulement les lettres gravées avec de l'émail permanent.

Tu trouveras à la page 45 comment tracer ces chiffres.

Ces formes sont faites de restes d'argile. Applique un peu d'eau dessous pour qu'elles adhèrent à la plaque.

37

La carrière de calligraphe

Il n'est pas facile de devenir calligraphe professionnel. Il te faudra suivre une formation dans ce domaine. La plupart des calligraphes ne travaillent pas à temps plein pour une entreprise, mais ont plutôt des contrats de plusieurs clients.

La formation

Tu peux suivre des cours de calligraphie à temps plein ou à temps partiel. Pour plus de détails, écris aux organismes indiqués à la page 47.

Les cours à temps plein

• Tu peux suivre un cours optionnel de calligraphie dans le cadre d'une formation en graphisme. Les exigences varient, mais il est utile d'avoir suivi un cours de dessin artistique ou technique.

• Il existe quelques cours spécialisés en calligraphie. Tu n'as pas besoin de qualifications particulières pour les suivre, mais tu dois montrer que tu as le talent voulu.

Les cours à temps partiel

• Dans plusieurs régions, il est possible de suivre des cours du soir, des sessions d'été ou des cours par correspondance en calligraphie.

La présentation

Choisis des exemples de ton travail qui montrent le mieux tes talents de calligraphe. Ce sera ton dossier de présentation.

Tu peux acheter un carton à dessins pour conserver tes travaux ou en fabriquer un (voir page 47).

Carton à dessins

Joyeux Noël

Les feuilles mortes se ramassent à la pelle

Un premier emploi

Le premier emploi est toujours le plus difficile à obtenir. Par la suite, les clients pourront demander de nouveau tes services ou te recommander à d'autres. Voici quelques façons de chercher du travail.

• Dresse une liste de clients possibles dans ta région, comme les écoles, les petites entreprises et les papeteries.

• Téléphone à ces endroits et demande quelle personne est la mieux placée pour t'aider.

• Écris à ces personnes et explique-leur que tu fais tes débuts de calligraphe. Propose-leur de les rencontrer pour leur montrer ce que tu fais.

Les entreprises ont souvent besoin de papier à en-tête.

Certificat de mérite décerné à Catherine Viau

ALPHAGRAPHISME

Les écoles décernent souvent des certificats calligraphiés.

TAXI

Carte de visite

• Quand elles examineront ton dossier de présentation, attire leur attention sur les ouvrages qui correspondent particulièrement à leurs besoins.

• Si elles te demandent de faire un travail pour elles, consulte la page suivante pour obtenir quelques conseils.

Un travail professionnel

Voici les étapes que suit un calligraphe professionnel pour concevoir un calendrier destiné à une entreprise locale.

1 Le client explique très précisément au calligraphe ce que la tâche comporte. Ces détails sont ce qu'on appelle le concept.

2 Si tous deux sont satisfaits, le client offre la commande au calligraphe. Ils conviennent d'une échéance et des honoraires.

3 Dans son atelier, le calligraphe prépare de petites esquisses de diverses mises en page possibles.

4 Le calligraphe essaie plusieurs styles, hauteurs de corps et dimensions de lettres calligraphiées. Pour trouver la meilleure mise en page, il utilise la technique du découpage et collage.

5 Le calligraphe discute de ses idées et de ses esquisses avec le client. Ils choisissent la mise en page qui correspond le mieux au concept.

6 Le calligraphe prépare les instruments dont il aura besoin. Il réalise le produit dans un atelier où règne le calme.

7 Le calligraphe remet son travail au client. S'il le fait à temps et donne un travail satisfaisant, il recevra les honoraires prévus.

← **Esquisses**

Autres carrières

Les techniques de lettrage que tu apprends en faisant de la calligraphie peuvent aussi te servir dans d'autres métiers.

Les enseignes

Beaucoup d'enseignes à l'extérieur des magasins et des restaurants sont peintes à la main par des lettreurs professionnels. L'équipement est un peu différent de celui du calligraphe, mais les techniques sont très semblables.

Voici une enseigne de restaurant.

Des métiers connexes

Plusieurs styles de caractères typographiques sont influencés par la calligraphie. Si tu veux travailler dans l'édition, le journalisme ou la publicité, il te sera utile de savoir choisir quel style utiliser.

Menu

Ce caractère est basé sur le gothique. Il donne à ce menu un aspect traditionnel et ancien.

Ce style typographique donne à ce nom de shampooing un effet élégant. On l'appelle italique, tout comme en calligraphie.

→ *Lustre*

Ce caractère simple et sans empattement convient à un livre pour enfants, parce qu'il est facile à lire.

↓

Conte

Des alphabets à reproduire ·1

Dans les cinq pages suivantes, tu trouveras dix autres alphabets à reproduire, ainsi que des idées d'utilisation pour tes ouvrages de calligraphie.

Les capitales romaines

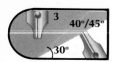 

Les capitales romaines faites à partir des squelettes de la page 8 devraient ressembler aux lettres ci-dessous. Elles accompagnent très bien la plupart des styles de minuscules. Tu peux ajouter des empattements ou non (voir page 9). Ces lettres-ci sont sans empattement.

ABCDEFGHIJ
KLMNOPQRS
TUVWXYZ

Le gothique classique

Ces majuscules gothiques sont plus ornementées que celles de la page 16. Il faut donc plus de temps pour les écrire, parce qu'elles comportent plus de traits. Utilise-les avec les minuscules présentées à la page 16.

Les majuscules italiques

Les majuscules italiques sont surtout utilisées avec les minuscules italiques, car elles ont toutes un angle de 5° vers la droite (voir page 18). Elles donnent aussi un bel effet avec d'autres styles.

ABCDEFGHIJKLMN
OPQRSTUVWXYZ

Les majuscules avec jambages bouclés

On a ajouté des jambages bouclés (voir la page 18) à ces majuscules italiques. Trace des jambages courts, sinon ils recouperont ceux de la ligne suivante.

ABCDEFG

Lettrines pleines

Les traits des lettrines présentées à la page 20 devraient donner des lettres comme ci-dessous. Ces lettres accompagnent bien la plupart des styles de minuscules. Essaie de les reproduire avec un pinceau large pour réaliser une affiche.

ABCDEFGHI
JKLMNOPQR
STUVWXYZ

Des alphabets à reproduire · 2

Les six alphabets en minuscules présentés sur cette page et sur la suivante ont des aspects différents. Ils sont réalisés avec divers outils de calligraphie. Chacun donne un effet particulier.

Les minuscules carolingiennes

Les lettres ci-dessous sont des minuscules carolingiennes. Ce sont les premières vraies minuscules qu'on connaisse (voir page 2). Elles donnent un aspect particulièrement élégant quand on les combine à des onciales majuscules ou à des lettrines.

L'alphabet à double pointe

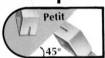 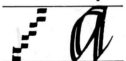

Les lettres ci-dessous ont été écrites avec une plume automatique à double pointe. Elles sont basées sur l'italique; suis donc les étapes de la page 18.

abcdefghijklmn
opqrstuvwxyz

L'alphabet cursif

Voici un alphabet italique manuscrit. Note comment chaque lettre doit être reliée aux autres. Pour apprendre à écrire plus rapidement et d'une façon plus souple, essaie de reproduire cet alphabet en respectant les liaisons indiquées.

abcdefghijklmnopqrstuvwxyz

Un alphabet au pinceau

Ces caractères Foundational (voir page 11) ont été tracés avec un petit pinceau de calligraphie trempé dans de l'encre délayée avec de l'eau.

abcdefghi
jklmnopq
rstuvwxyz

Deux alphabets originaux

Les deux alphabets présentés ci-dessous ont été conçus par le calligraphe Solos Solou. Tous deux sont d'inspiration orientale.

abcdefghijklm
nopqrstuvwxyz

Cet alphabet a été écrit avec une plume automatique à pointe étroite. Tourne la pointe pour lui donner un angle plus aigu (45°), afin que les traits verticaux soient plus fins au bas des lettres.

Les ascendants sont deux fois plus hauts que le corps de chaque lettre.

Des alphabets à reproduire · 3

Tu peux tracer le contour des lettres des deux alphabets présentés sur cette page et les utiliser pour faire des enluminures, des gaufrages, des affiches ou des pochoirs.

Alphabet au trait

Les déliés de ces contours de lettres ont été dessinés un peu plus épais. Cela permet de les tracer et de les découper plus facilement.

L'alphabet typographique

Voici un style de caractères appelé Optima. Il est ici imprimé très gros et très épais (en gras) pour que le contour soit plus facile à tracer.

Ce caractère a été conçu par le calligraphe Hermann Zapf. Le caractère Optima comprend des pleins et des déliés, comme en calligraphie.

En observant attentivement, tu verras que, dans ce livre, le texte imprimé est en Optima, dans des dimensions et des graisses différentes.

Plein

Délié

abcdefghi
jklmnopq
rstuvwxyz

44

Chiffres et motifs

Voici quelques exemples de chiffres et de bordures à utiliser dans tes travaux.

Les chiffres chinois

Écris ces chiffres chinois avec un pinceau de bambou (voir page 26).

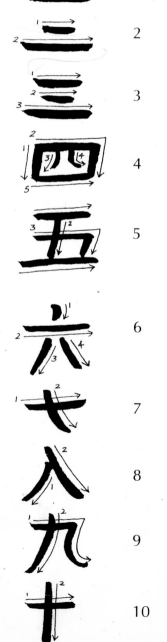

1
2
3
4
5
6
7
8
9
10

Les chiffres arabes

Les chiffres utilisés dans la plupart des pays occidentaux sont les chiffres arabes. Ils se prêtent à tous les styles de calligraphie décrits dans ce livre. Utilise la même dimension et la même graisse que les lettres de ton travail.

Sept anglais   Sept français

Les chiffres en italique

En italique, trace des chiffres un peu plus étroits, comme ceux-ci. Ils doivent aussi être inclinés à un angle de 5° vers la droite.

La ponctuation

Tu peux utiliser ces signes de ponctuation avec tous les styles de calligraphie de ce livre.

Virgule   Deux points   Point-virgule   Point d'exclamation

Point d'interrogation   Point   Guillemets

Motifs de bordures

Voici d'autres bordures réalisées avec une plume de calligraphie. Choisis-en une qui accompagne bien ton style de lettrage (voir page 22).

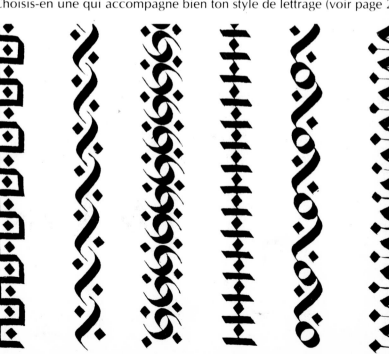

Glossaire

ascendant : trait qui s'éloigne vers le haut du corps d'une minuscule.

brunissage : procédé de polissage, comme la dorure.

capitale : nom donné à la majuscule avant l'apparition de la minuscule.

caractère : lettre; en écriture chinoise, chaque caractère, ou idéogramme, représente une idée.

carton à dessins : étui plat servant à transporter les dessins.

caractères typographiques : style de caractères d'imprimerie.

commande : le fait de demander à un calligraphe d'effectuer un travail moyennant un tarif convenu.

concept : détails d'un ouvrage, donnés par le client à l'artiste.

condenser : tracer les lettres plus petites, plus étroites ou les réarranger de façon qu'elles prennent moins d'espace.

corps : partie principale d'une minuscule qui forme la hauteur de corps de la lettre.

découpage et collage : technique consistant à découper en bandes une feuille de texte et à les coller dans diverses présentations pour juger de l'effet.

descendant : trait vers le bas qui part du corps d'une minuscule.

dorure : technique consistant à recouvrir une surface d'or ou de couleur dorée.

écriture cursive : écriture dans laquelle certaines lettres sont liées pour accroître la vitesse d'écriture; généralement une écriture manuscrite.

esquisses : ébauches sur une petite échelle des mises en page possibles que le calligraphe propose au client.

empattement : petit trait ajouté au début et à la fin de certains traits d'une lettre.

enluminure : décoration d'un ouvrage de calligraphie à l'aide d'or et de couleur.

fioriture : traits supplémentaires décoratifs.

forme de base : lettre qui détermine la forme de toutes les autres lettres d'un style calligraphique; généralement le «o».

frottis : marque laissée après avoir frotté une craie de cire ou un crayon à mine tendre sur une feuille posée sur des lettres gravées ou en relief.

gaufrage : technique consistant à façonner certaines parties d'une feuille en les pressant sur un moule.

grain du papier : direction dans laquelle sont orientées la plupart des fibres d'une feuille.

graisse : rapport entre la hauteur d'une lettre (hauteur de corps dans le cas des minuscules) et l'épaisseur de la pointe.

gravure : technique consistant à graver les lettres dans une substance dure comme la pierre ou l'argile.

grille : cadre de lignes droites ou courbes sur lesquelles sont basées les lettres.

hachures : ombrage produit par des lignes parallèles ou croisées.

hampe : principal trait vertical d'une lettre.

hauteur de corps : hauteur du corps d'une minuscule.

justification à droite : chaque ligne se termine au même endroit à la marge de droite. Chacune commence à des endroits différents à gauche.

justification à gauche : chaque ligne de texte commence au même endroit à la marge de gauche.

lavis : technique consistant à appliquer sur du papier de la peinture délayée dans de l'eau.

lettre arquée : lettre qui comprend une arche qui s'éloigne du trait central.

lettre composée : lettre dont chaque partie est faite de plusieurs traits.

lettre en diagonale : lettre comportant des traits en diagonale, comme «v», «w», «x» et «z».

lettre ronde : lettre qui épouse de près la forme de la lettre «o».

ligne de base : ligne sur laquelle les majuscules sont écrites et sur laquelle repose le corps de la minuscule.

lignes d'écriture : traits de crayon entre lesquels on calligraphie les lettres, pour assurer que les lignes soient droites.

logo : symbole ou marque de commerce conçu spécialement pour une entreprise, un produit ou une personne.

majuscule : forme différente de la minuscule, qui se met au commencement d'une phrase, d'un nom propre, d'un vers.

marge : espace blanc entourant un texte.

minuscule : lettre en petit caractère, par opposition à majuscule.

mise en page : façon dont le texte et les illustrations sont disposés sur une page.

pétrissage : technique consistant à travailler la pâte à modeler pour la rendre souple et éliminer les bulles d'air.

pochoir : feuille où on a découpé des formes ou des lettres. La couleur est appliquée dans les trous sur la surface posée sous le pochoir de façon à reproduire les formes découpées.

présentation asymétrique : lignes de texte placées de façon non régulière sur une page.

présentation centrée : lignes de texte présentées au centre de la page.

remplissage d'une plume : opération consistant à remplir d'encre une plume, généralement avec un petit pinceau.

résistance : méthode qui consiste à utiliser ensemble deux substances qui ne se mélangent pas comme la cire et l'aquarelle ou le liquide à masquer et la gouache.

squelette : lettre écrite dans sa forme la plus simple, avec une plume ou un instrument à pointe fine.

trait : partie d'une lettre faite par un unique trait de plume.

transversale : trait au-dessus de la partie supérieure des lettres «t» et «f» et au milieu du «A» et du «H».

Renseignements utiles

Voici quelques informations pour en savoir davantage sur la calligraphie.

Un carton à dessins

Les cartons à dessins qui servent à transporter les travaux et dossiers de présentation, comme celui qui est présenté à la page 39, coûtent cher. Voici comment en fabriquer un à peu de frais.

Il te faut :

Trois feuilles de carton fort

Une feuille de papier fort   Du ruban

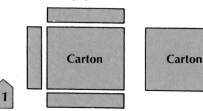

Carton   Carton

1

Découpe deux morceaux de carton de la dimension que tu veux donner au carton à dessins. Découpe trois rabats qui te serviront à assembler les côtés dans la troisième feuille de carton.

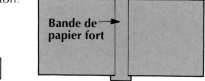

Bande de papier fort

2

Colle les deux feuilles de chaque côté d'une bande de papier fort, comme ci-dessus. Ce sera la charnière du carton.

Coin

Rabat

3

Colle les rabats sur les côtés d'une feuille de carton. Découpe les coins et replie les rabats vers l'intérieur.

Ruban

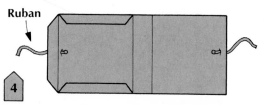

4

Perce un trou dans les deux feuilles de carton, comme ci-dessus. Fais passer un bout de ruban dans chaque trou et colles-en une portion d'environ 5 mm sur chaque feuille de carton.

Des livres à lire

Alphabets et instructions, Hermann Zapf, Calligraphies créatives.

La civilisation de l'écriture, Roger Druet et Grégoire Herman, Fayard Dessain Tolra, 1976.

Comment dessiner lettres, titres et logotypes, José M. Parramon, Activités artistiques, Bordas, Barcelone, 1987.

L'écriture des hommes, Georges Jean, Gallimard, Paris, 1987.

Histoire de l'écriture, James G. Fevrier, Payot, Paris, 1984.

Histoire de l'écriture, Donald Jackson, Denoël, Paris, 1982.

Leçon de calligraphie, Claude Medivilla, Dessain Tolra, Paris, 1988.

Associations

On trouve dans plusieurs pays des associations de calligraphes. Tu peux t'adresser à elles pour avoir des informations sur les cours offerts.

Canada

La Société des Calligraphes C.P. 704, Succ. Snowdown Montréal (QC) H3X 3X8

Bow Valley Calligraphy Guild C.P. 1647, Succ. M Calgary (AL) T2P 2L7

France

Les calligraphes français ne sont pas réunis en association. On peut trouver des renseignements utiles auprès des bibliothèques, archives départementales, universités, écoles des beaux – arts, musées et à la bibliothèque nationale.

Les caractères spéciaux

L'accent aigu **é**

L'accent grave **è à**

L'accent circonflexe **ê î ô â û**

La cédille **ç**

Le tréma **ë ü ï**

Index

Copyright © Usborne Publishing, 1990. Copyright © Scholastic Canada Ltd., 1991, pour le texte français.
Tous droits réservés.
ISBN 0-590-73956-5
Édition publiée par Scholastic Canada Ltd., 123, Newkirk Road, Richmond Hill (Ontario) Canada L4C 3G5, avec la permission d'Usborne Publishing Ltd.
Imprimé au Portugal.